I0759044

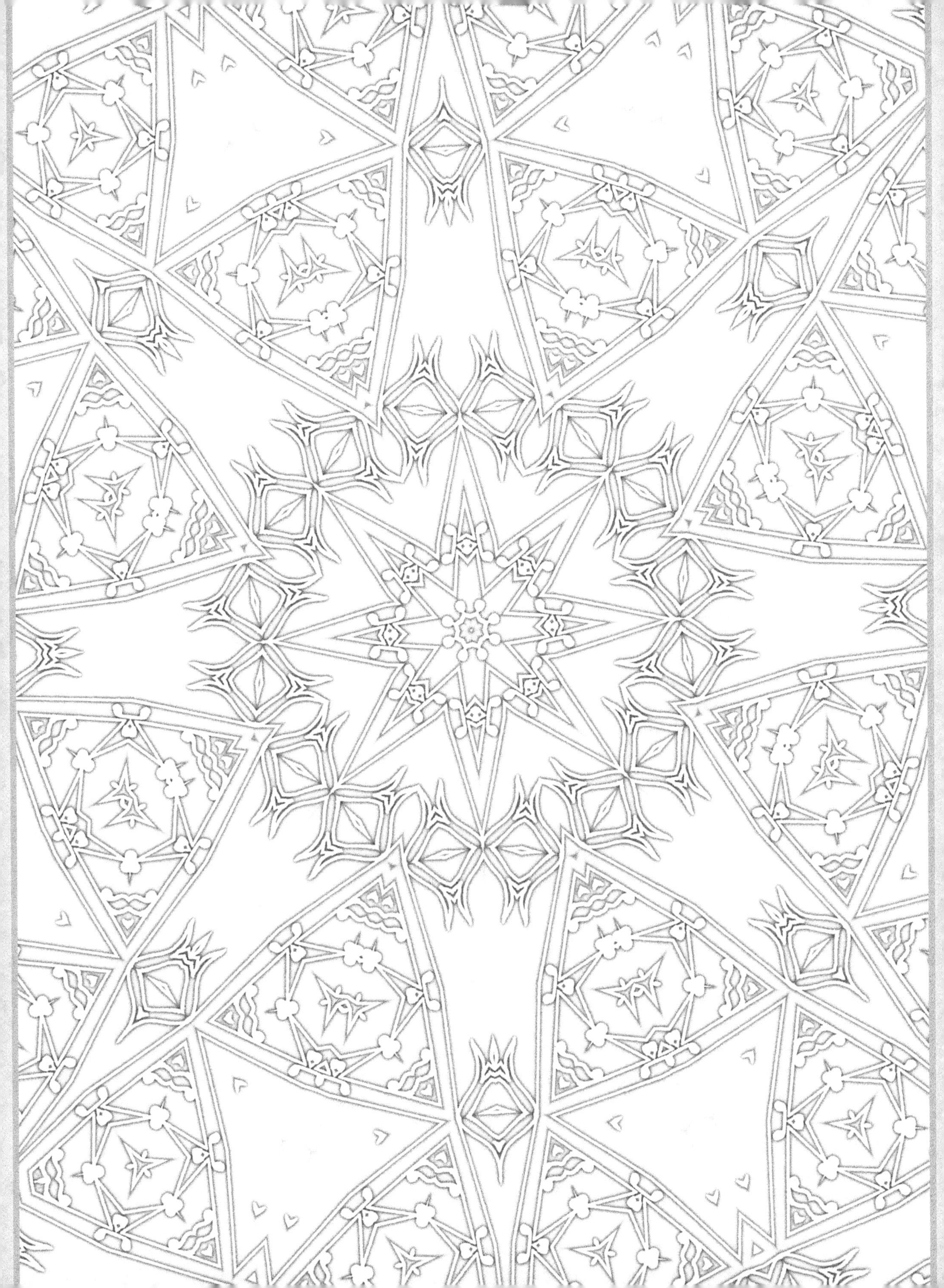

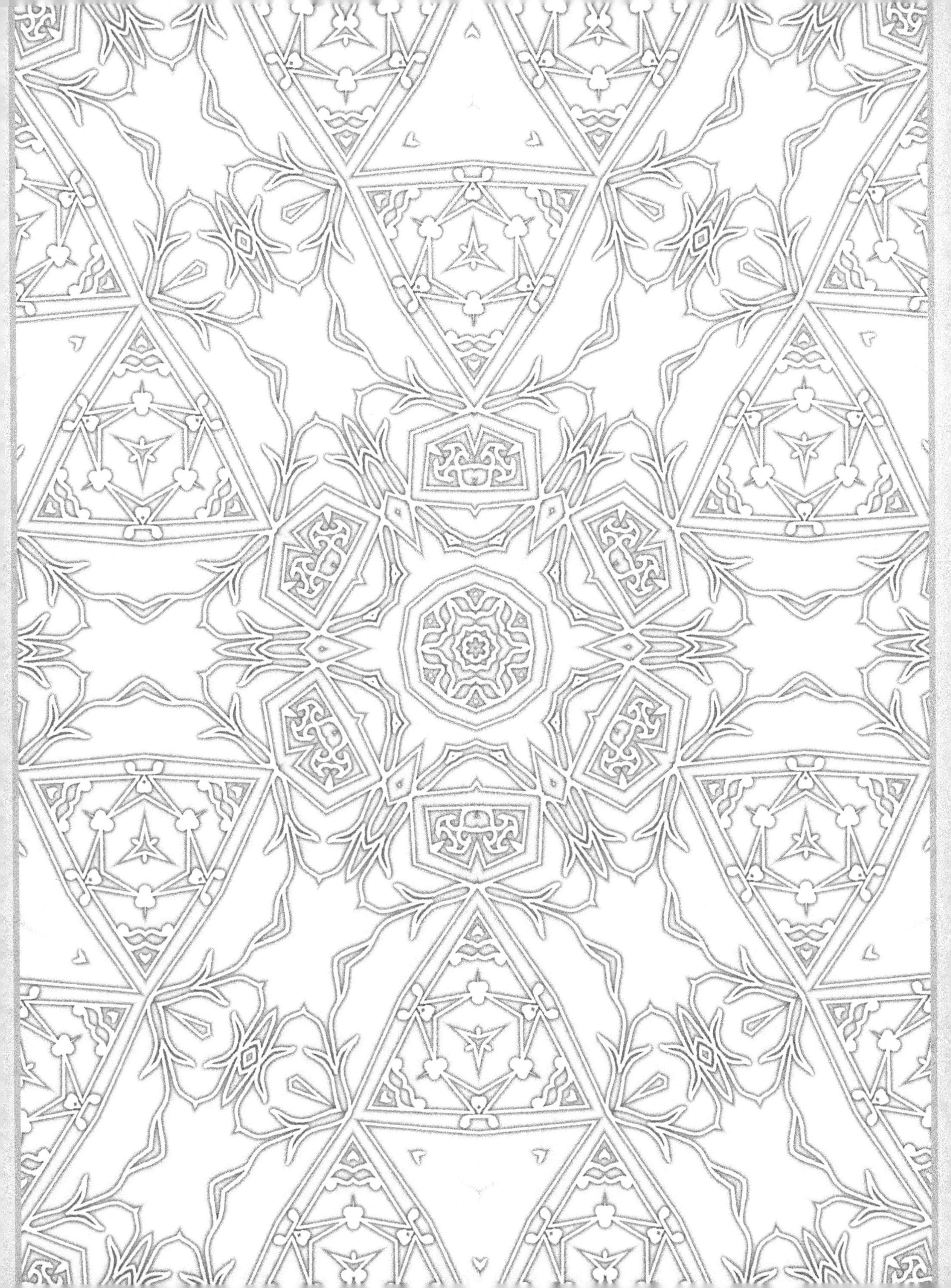

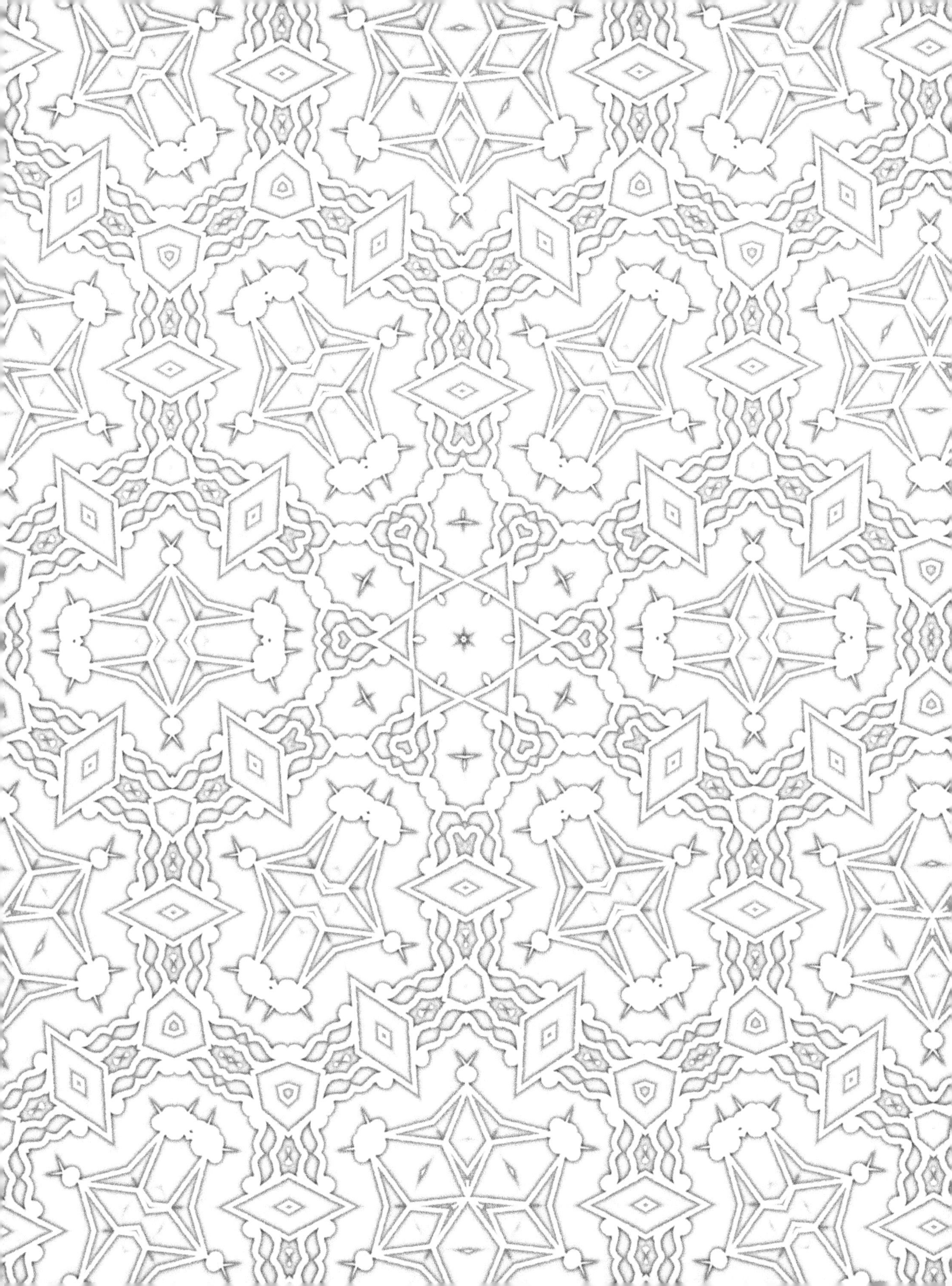

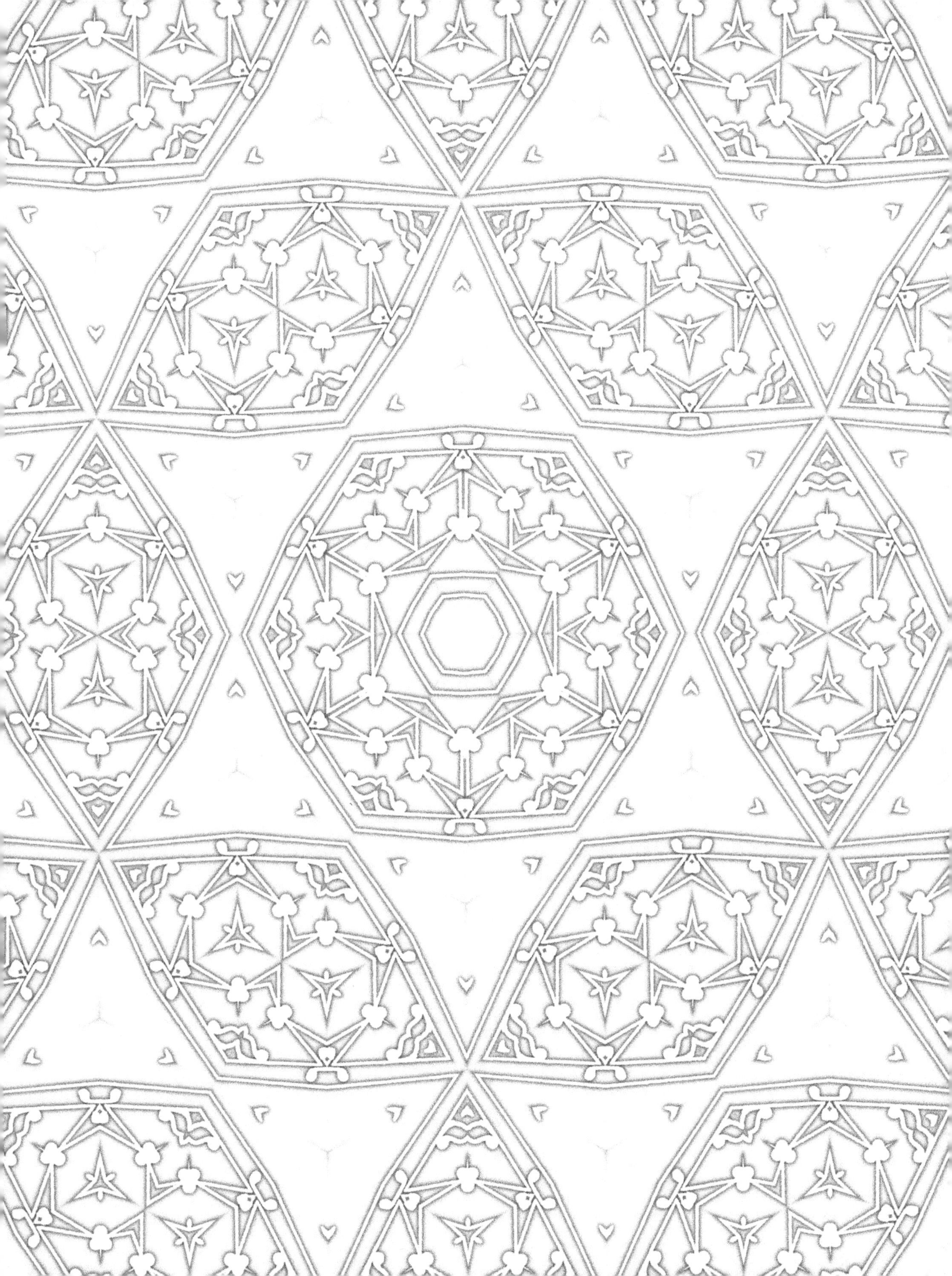

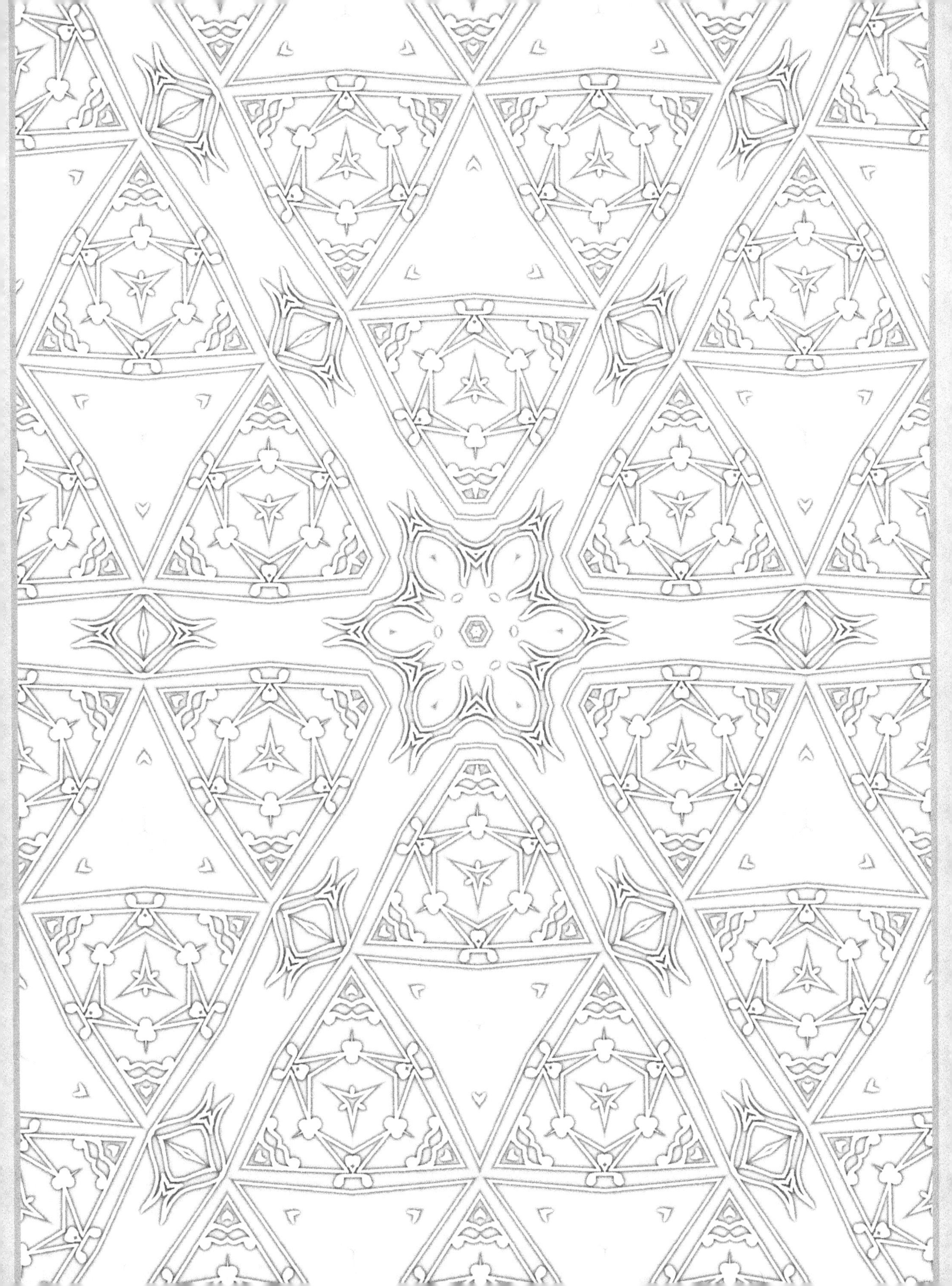

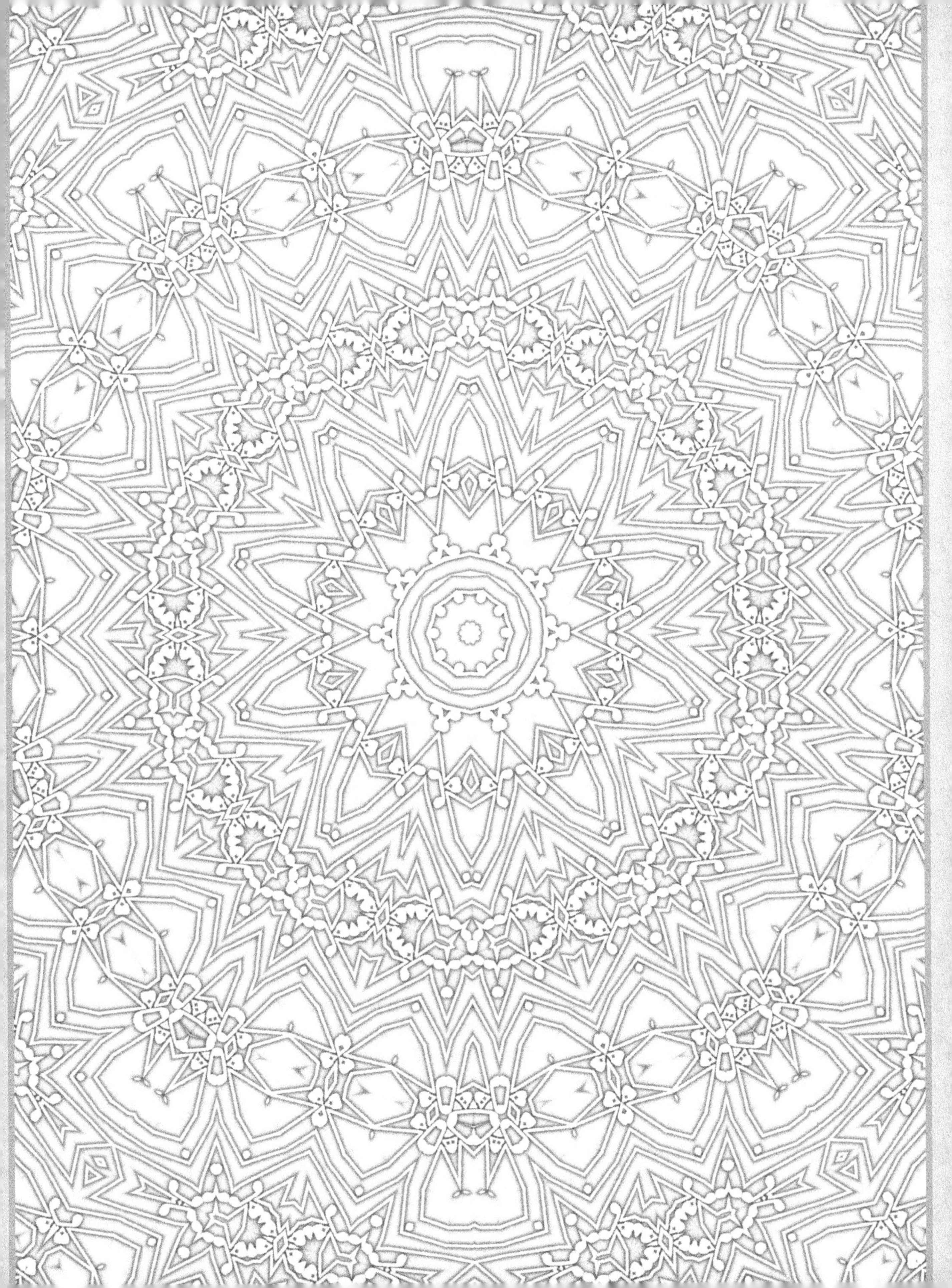

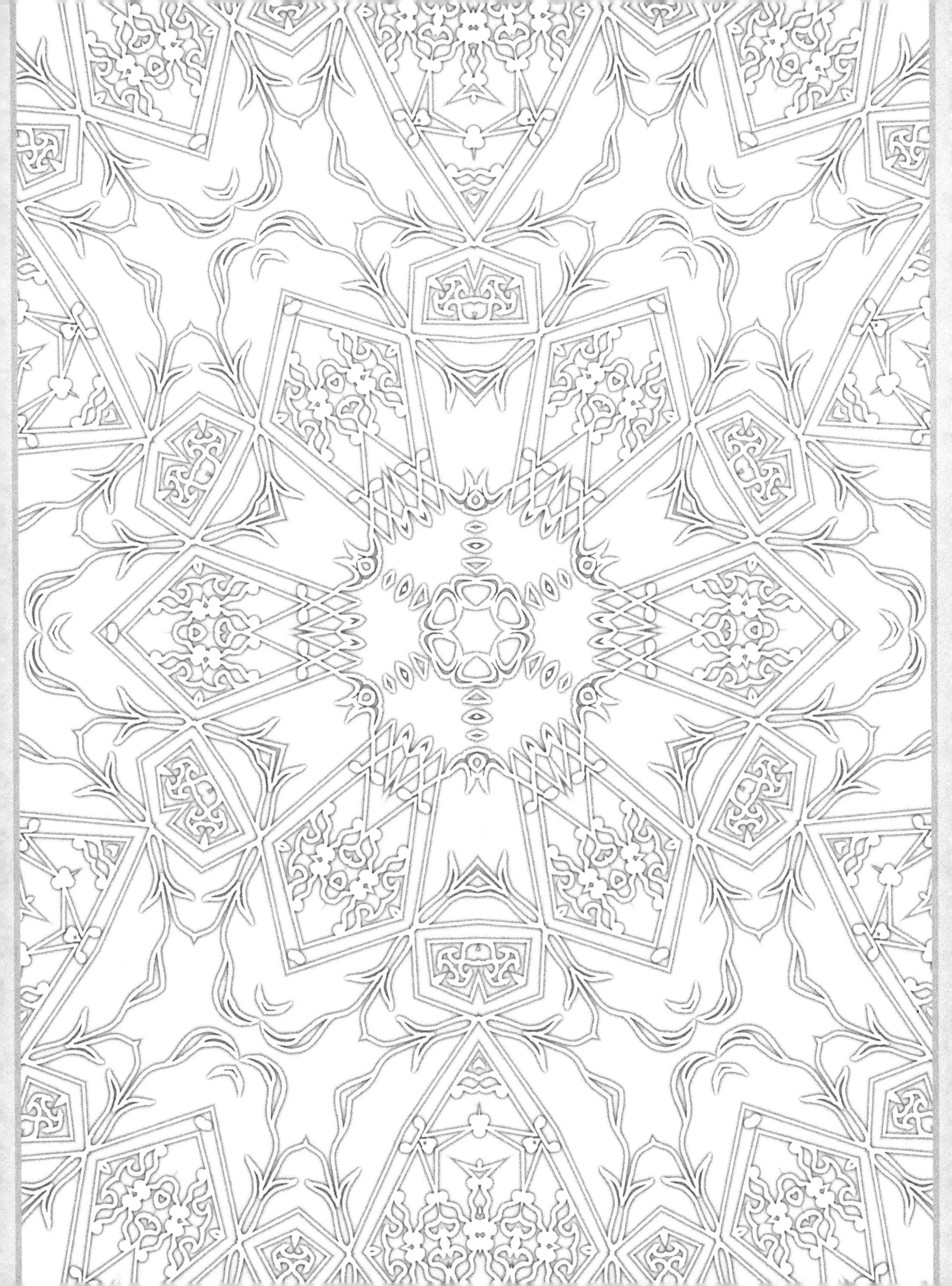

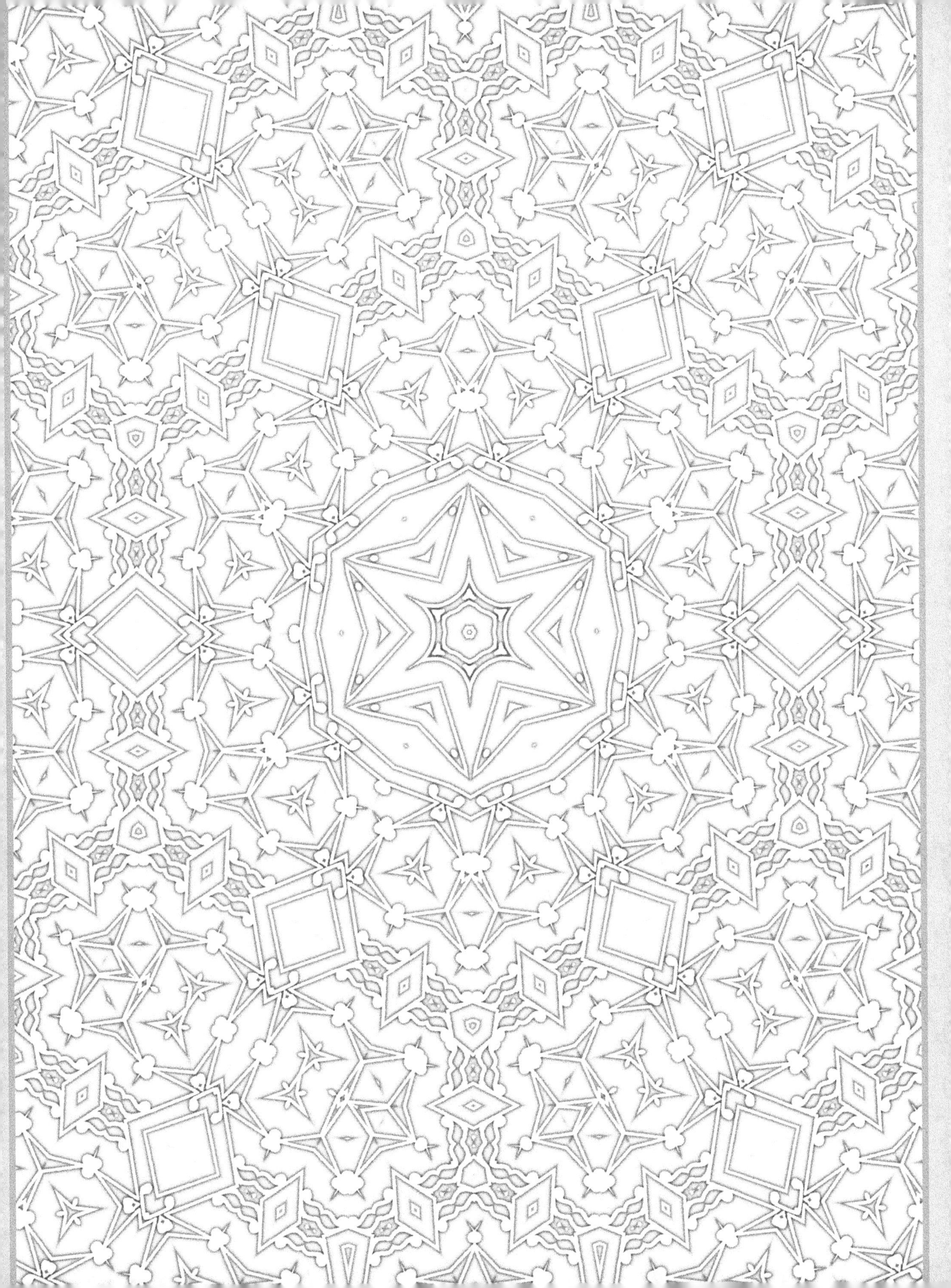

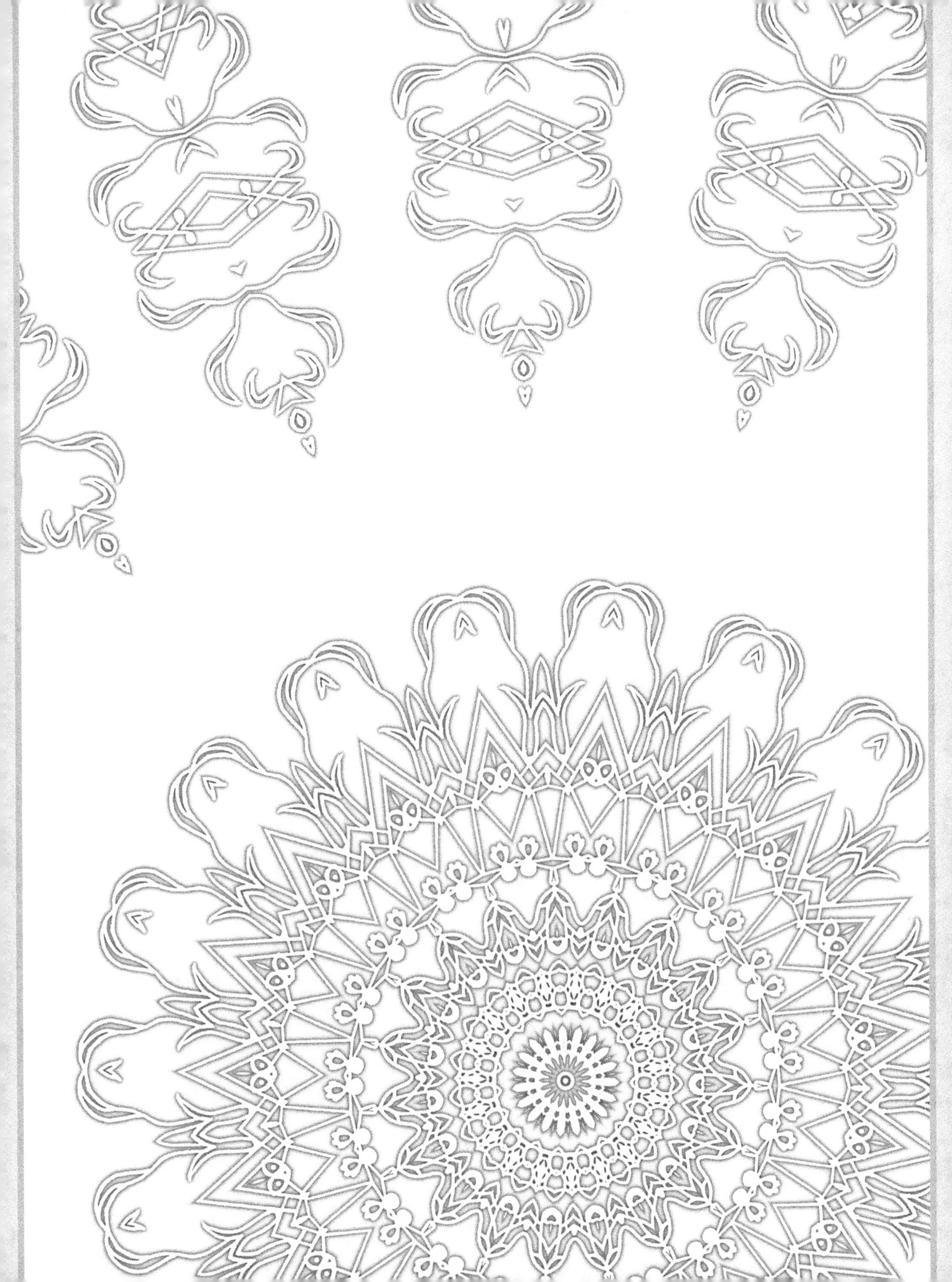

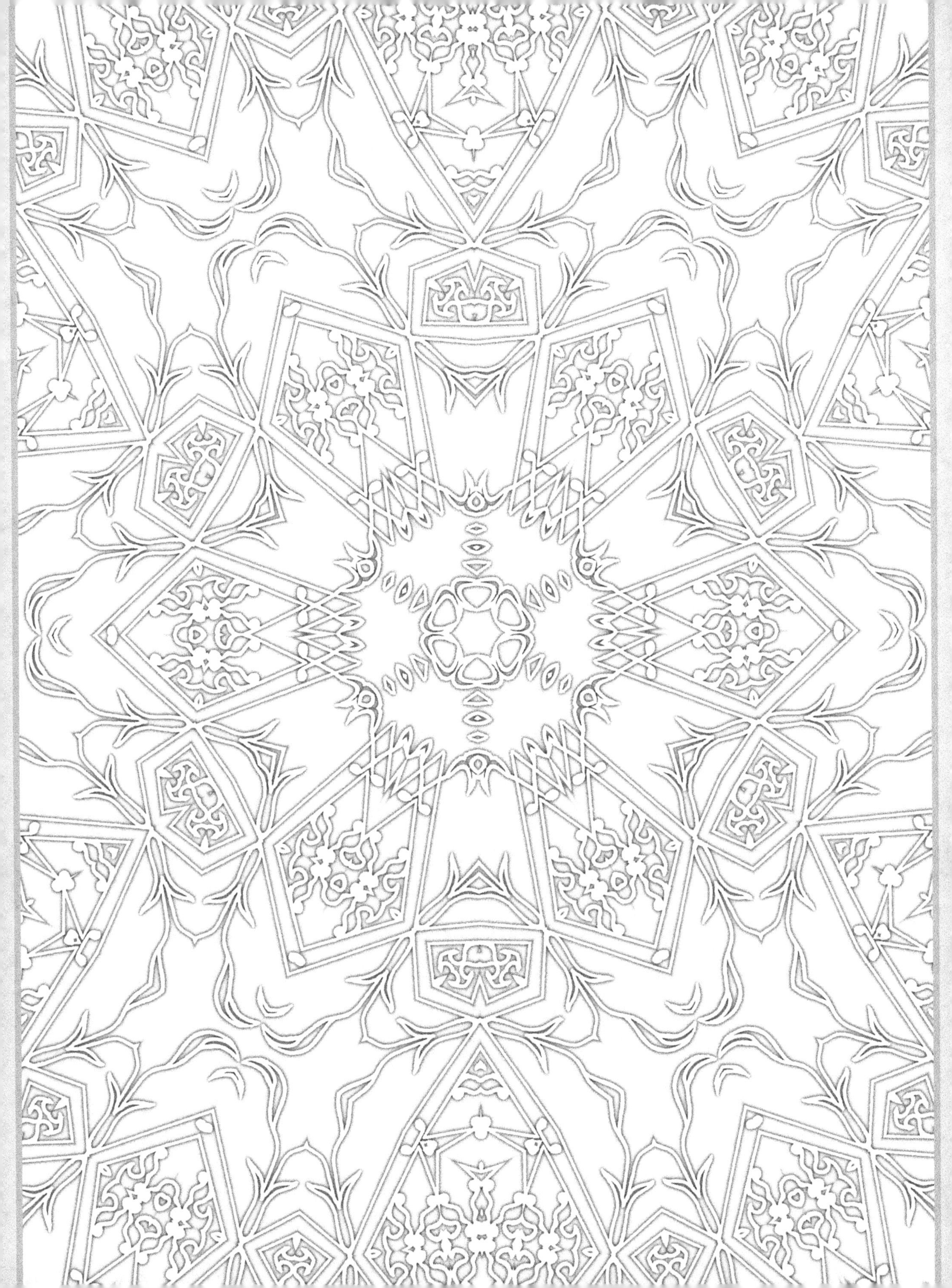

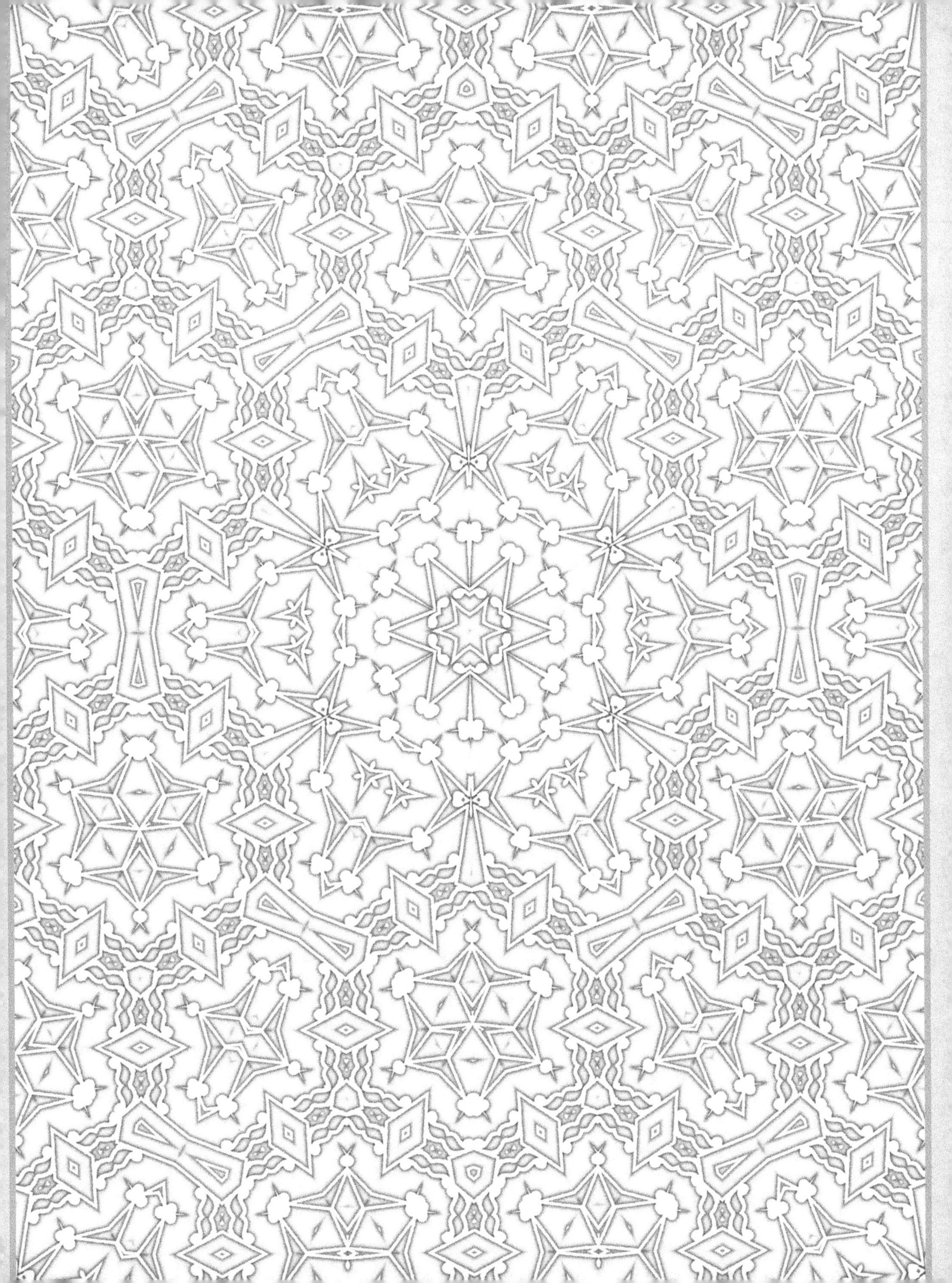

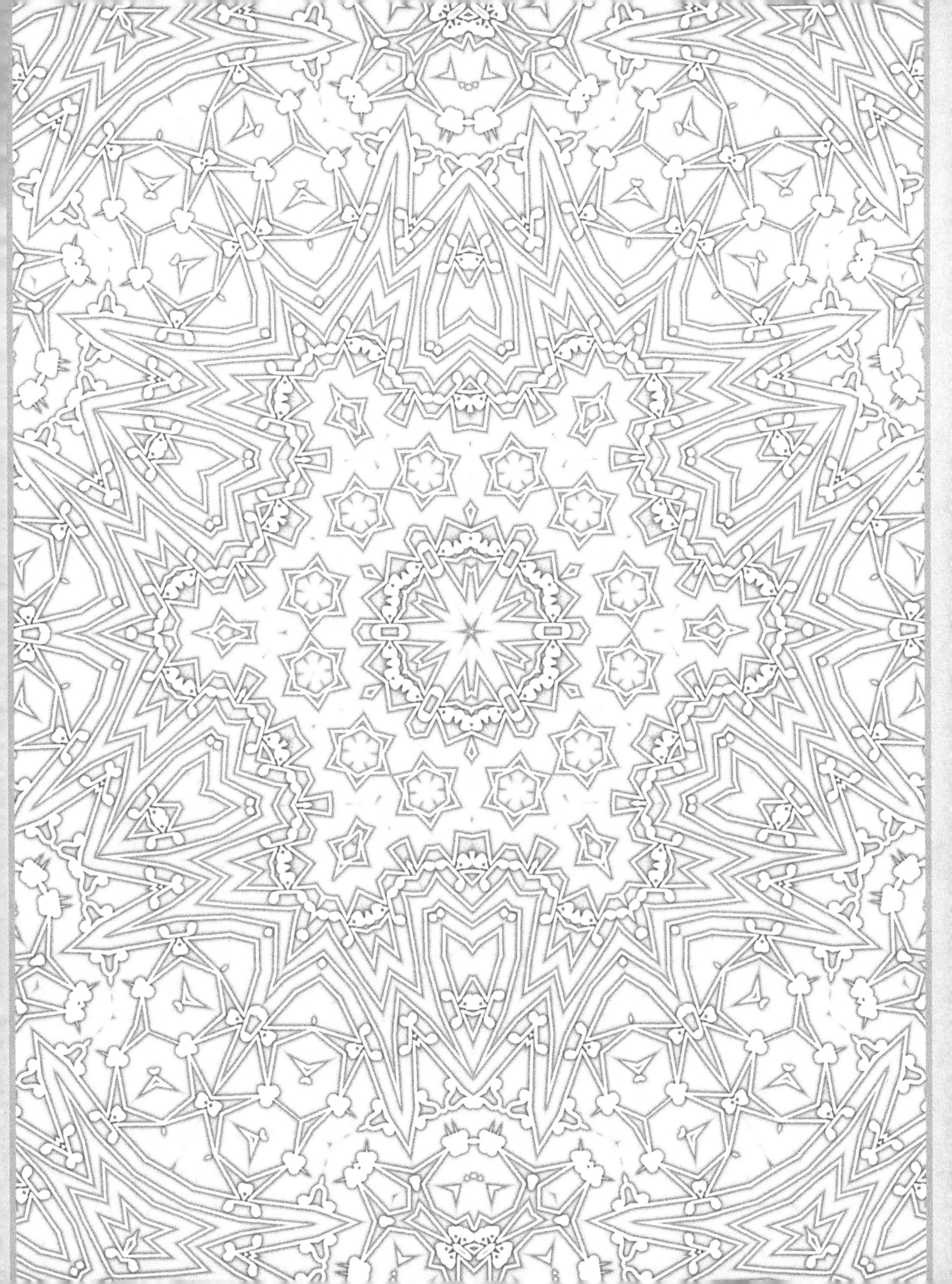

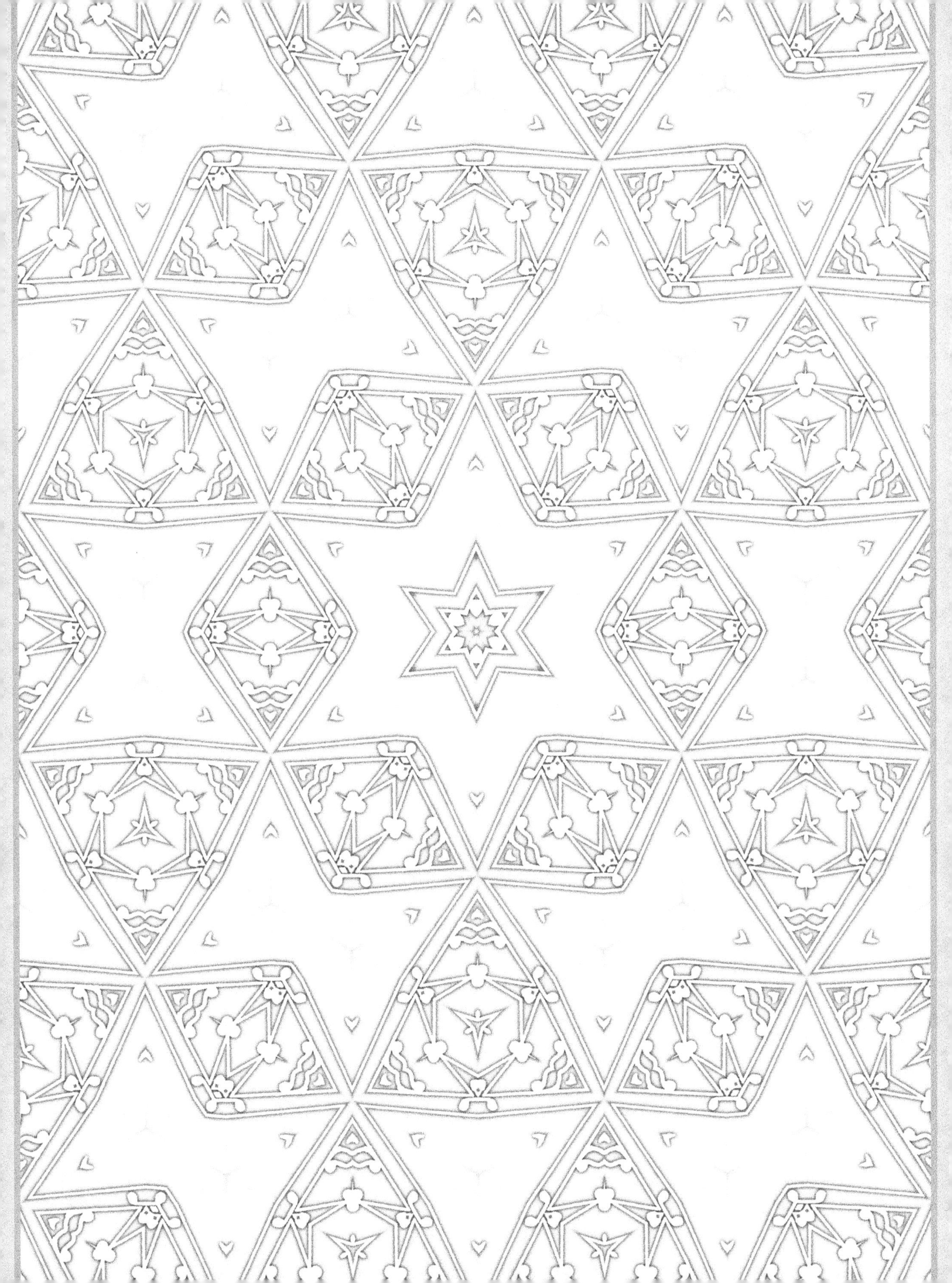

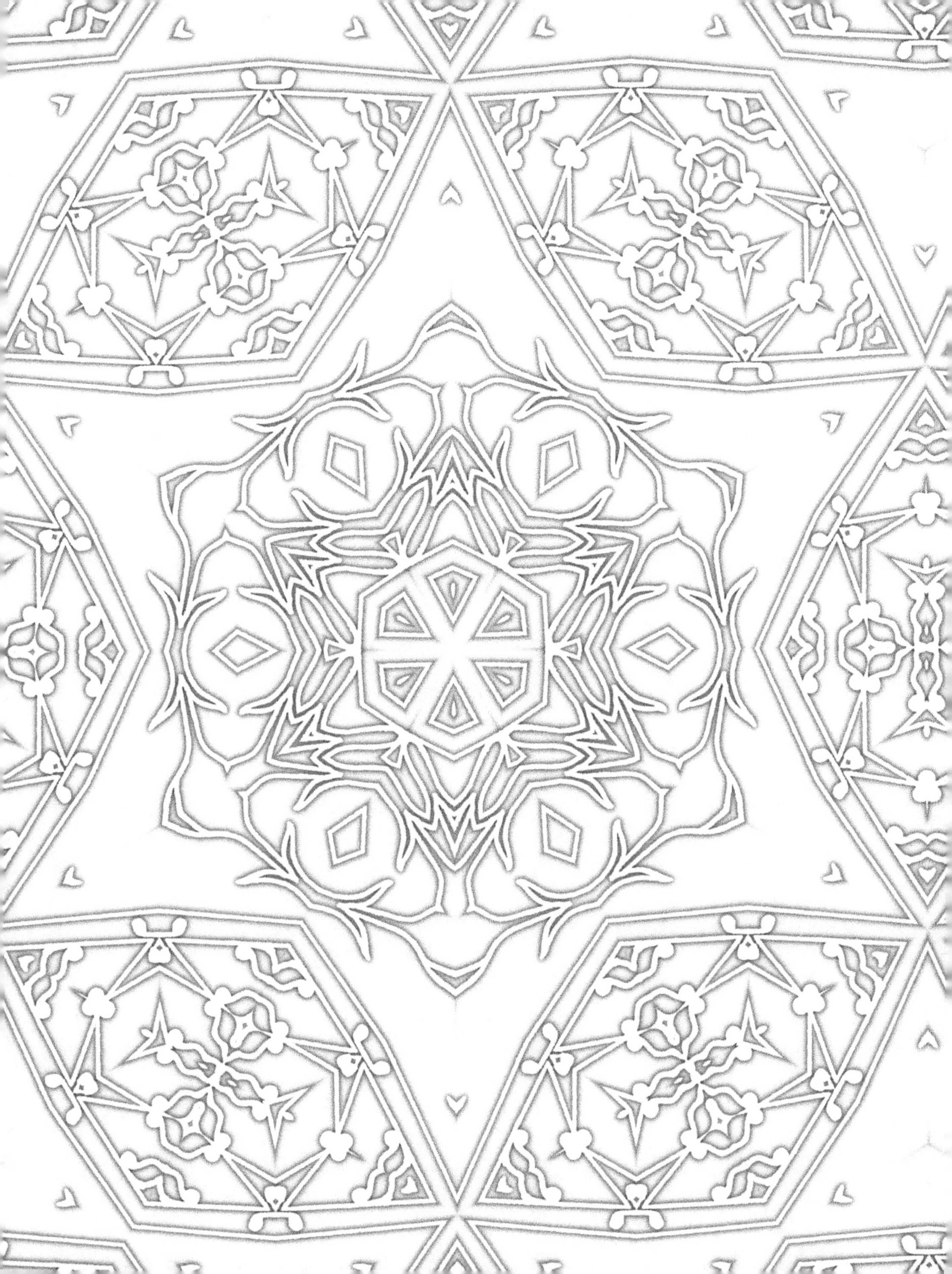

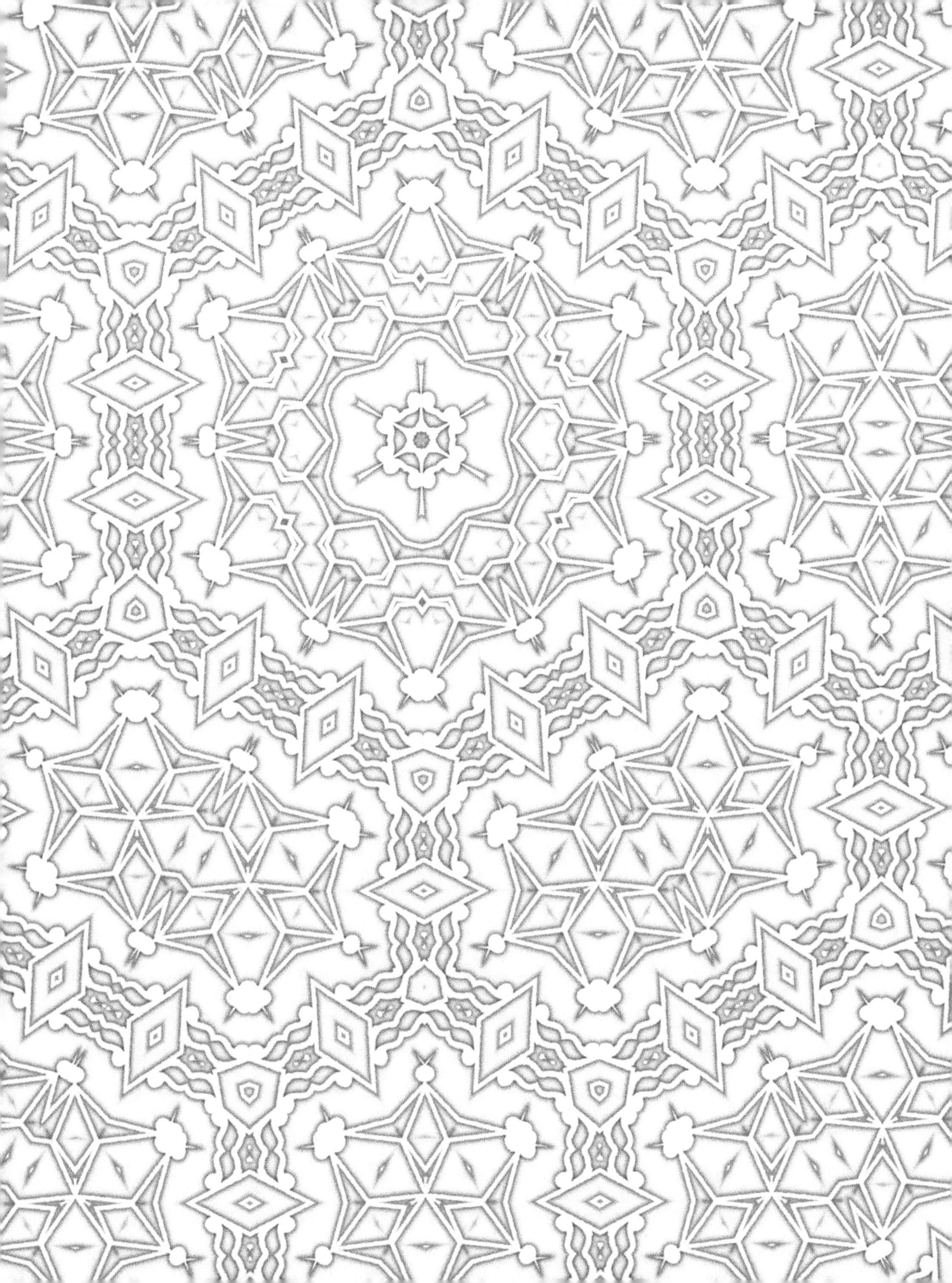

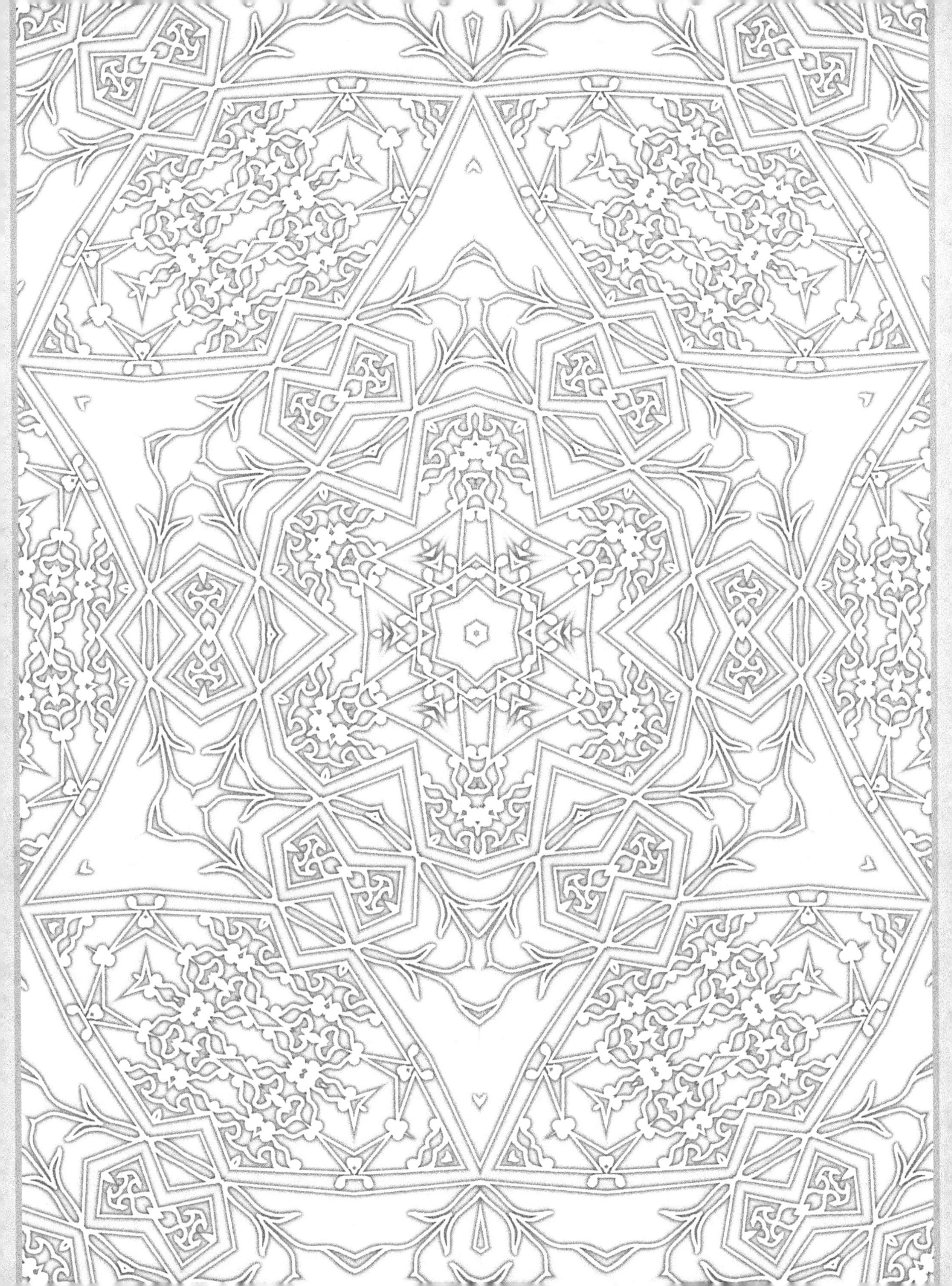

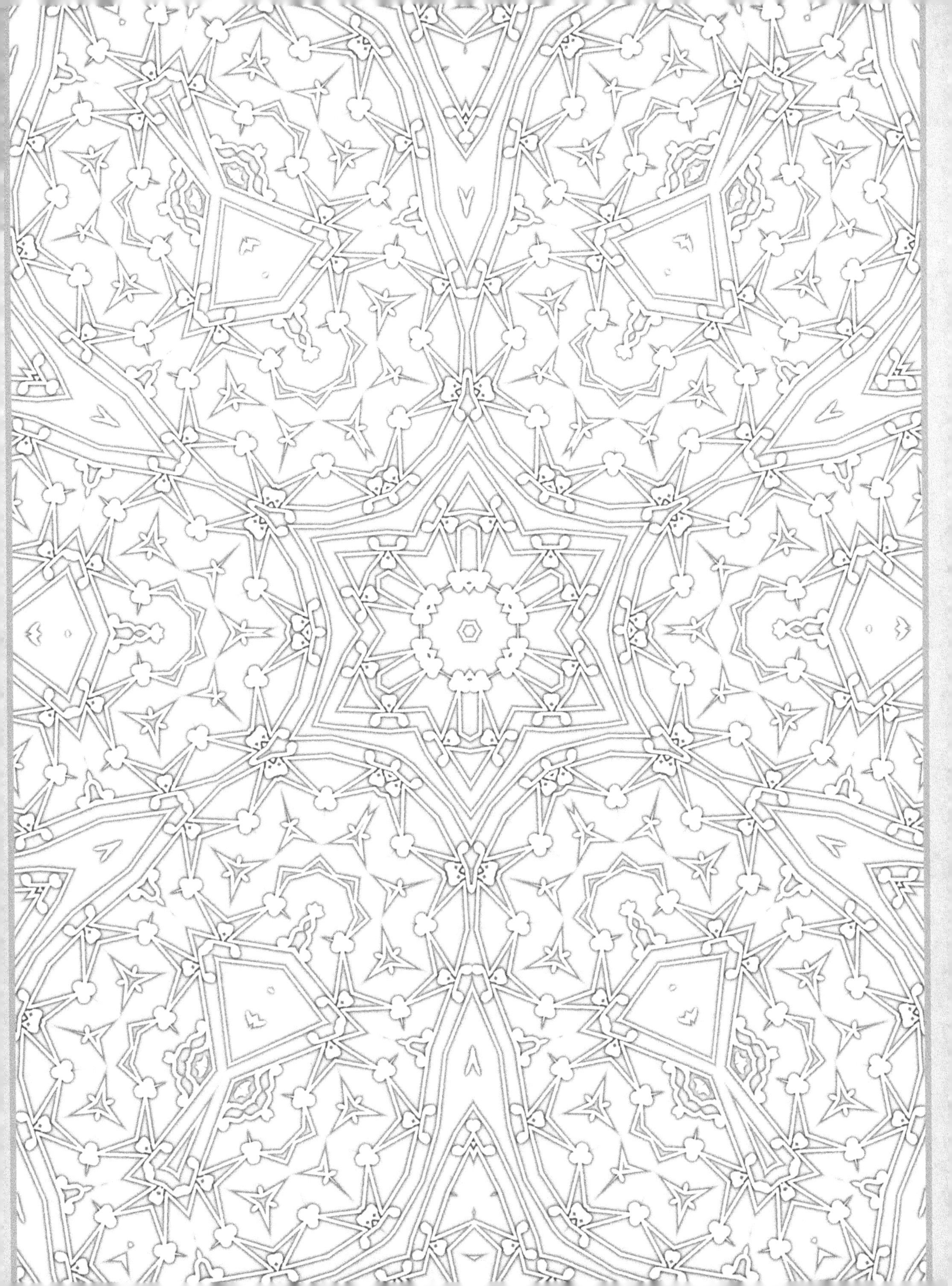

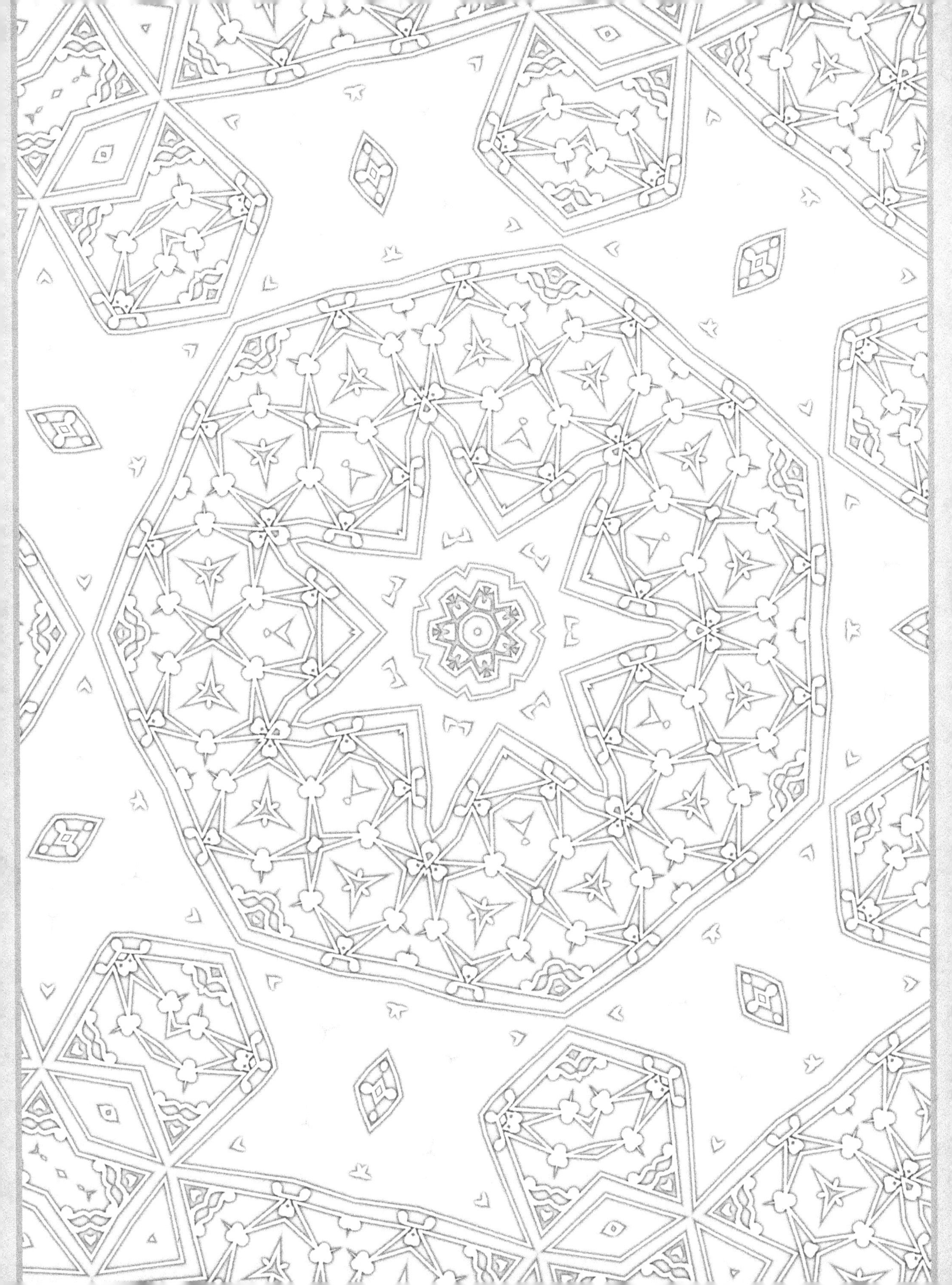

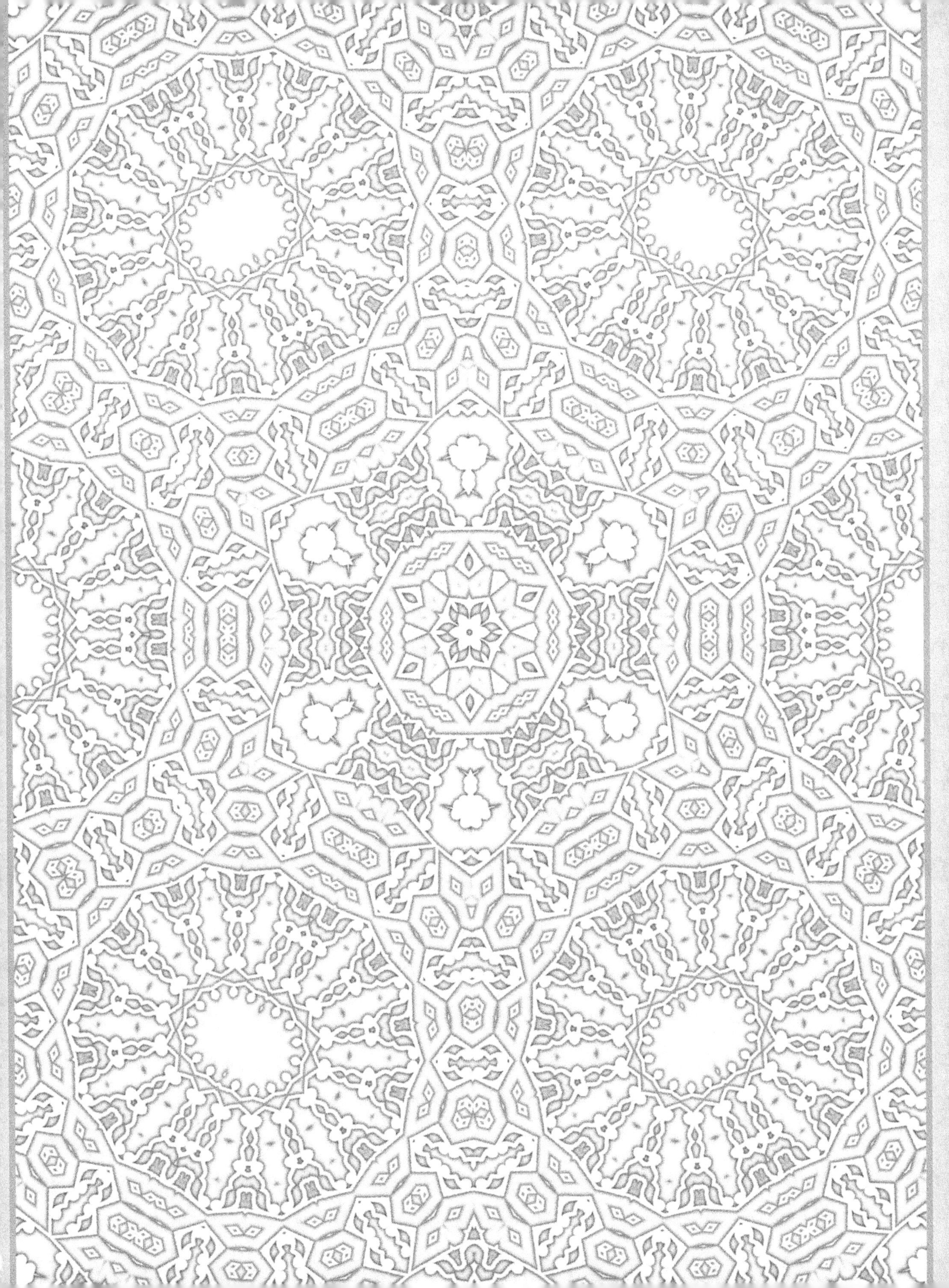

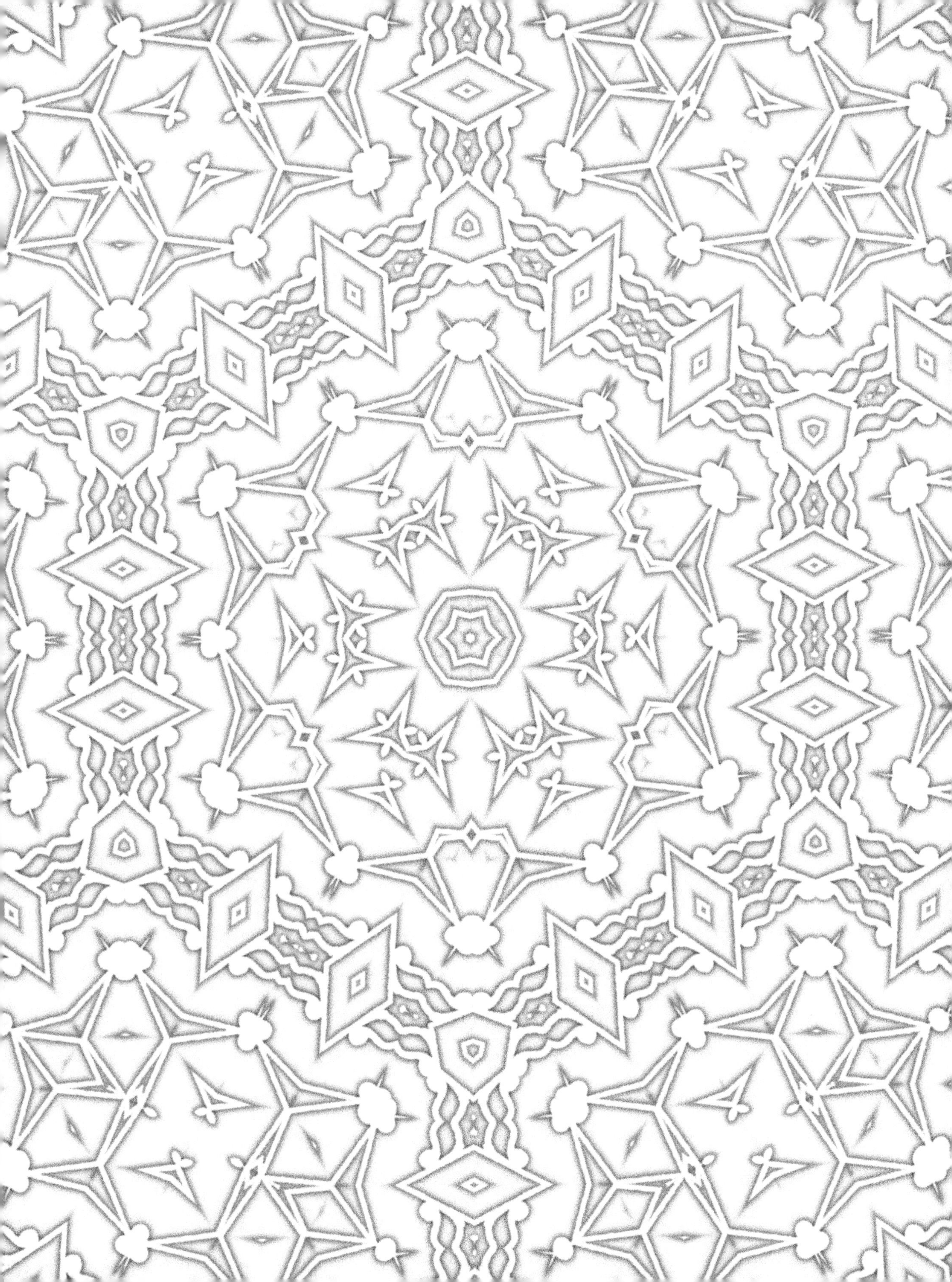

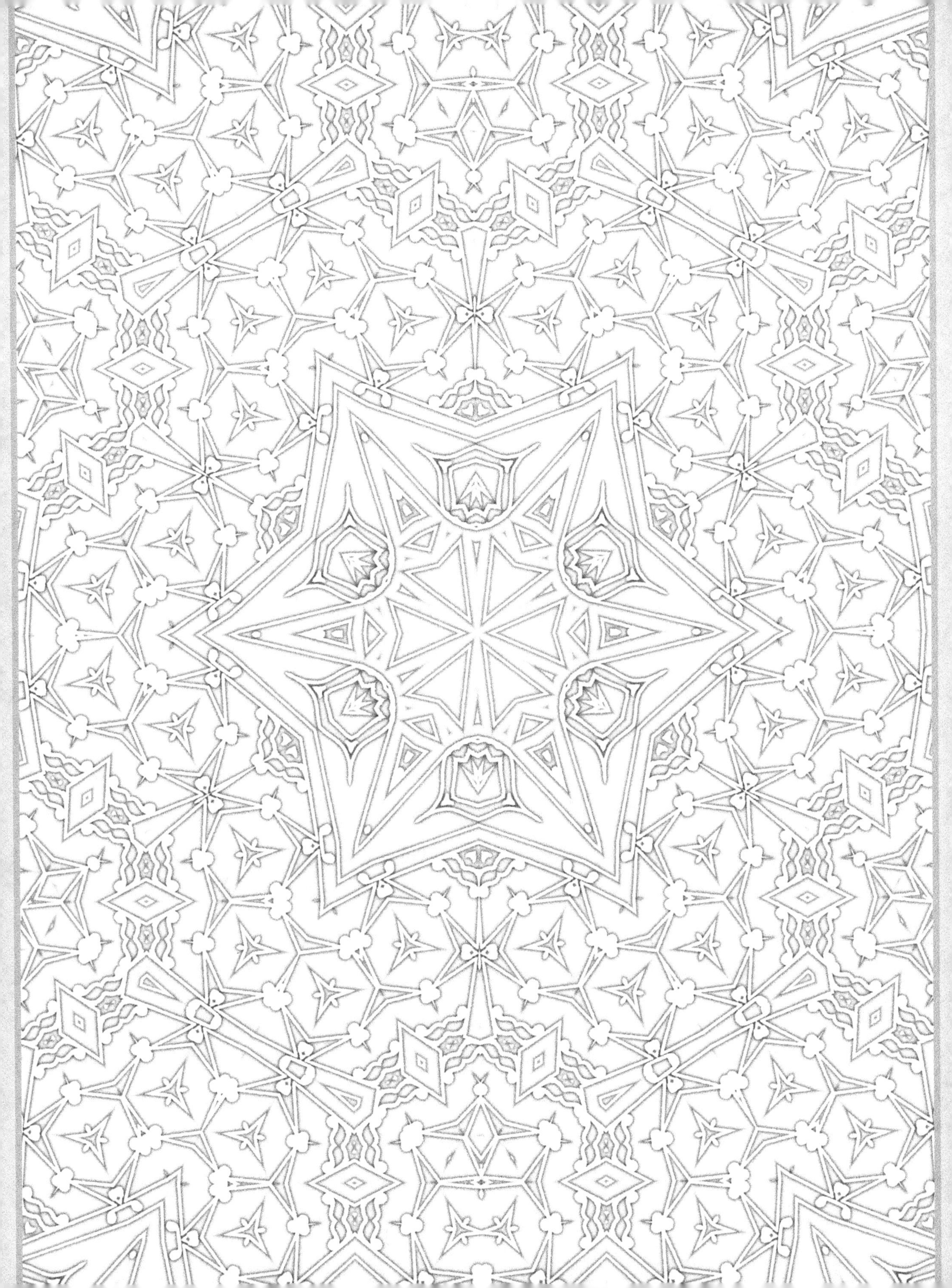

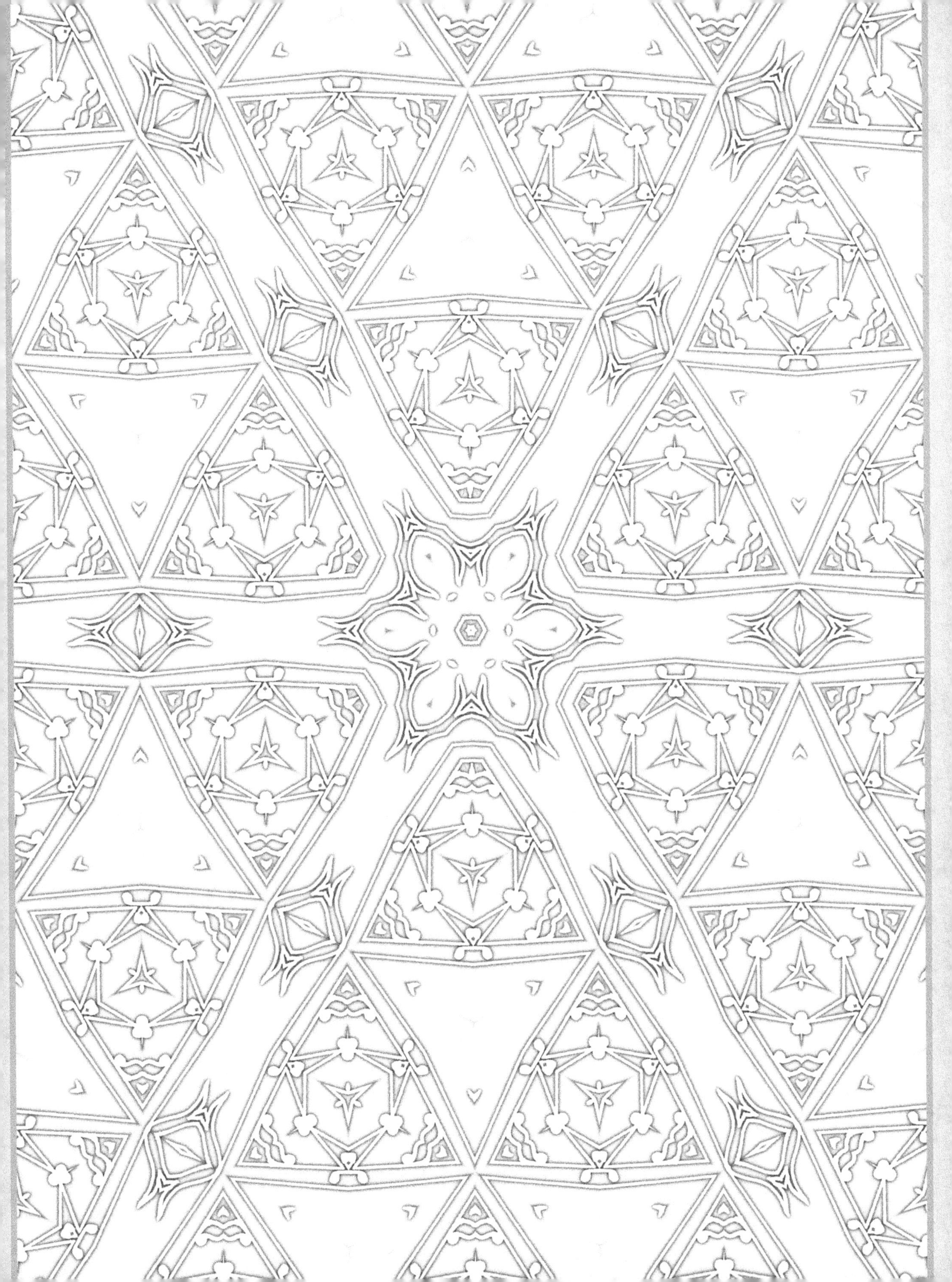

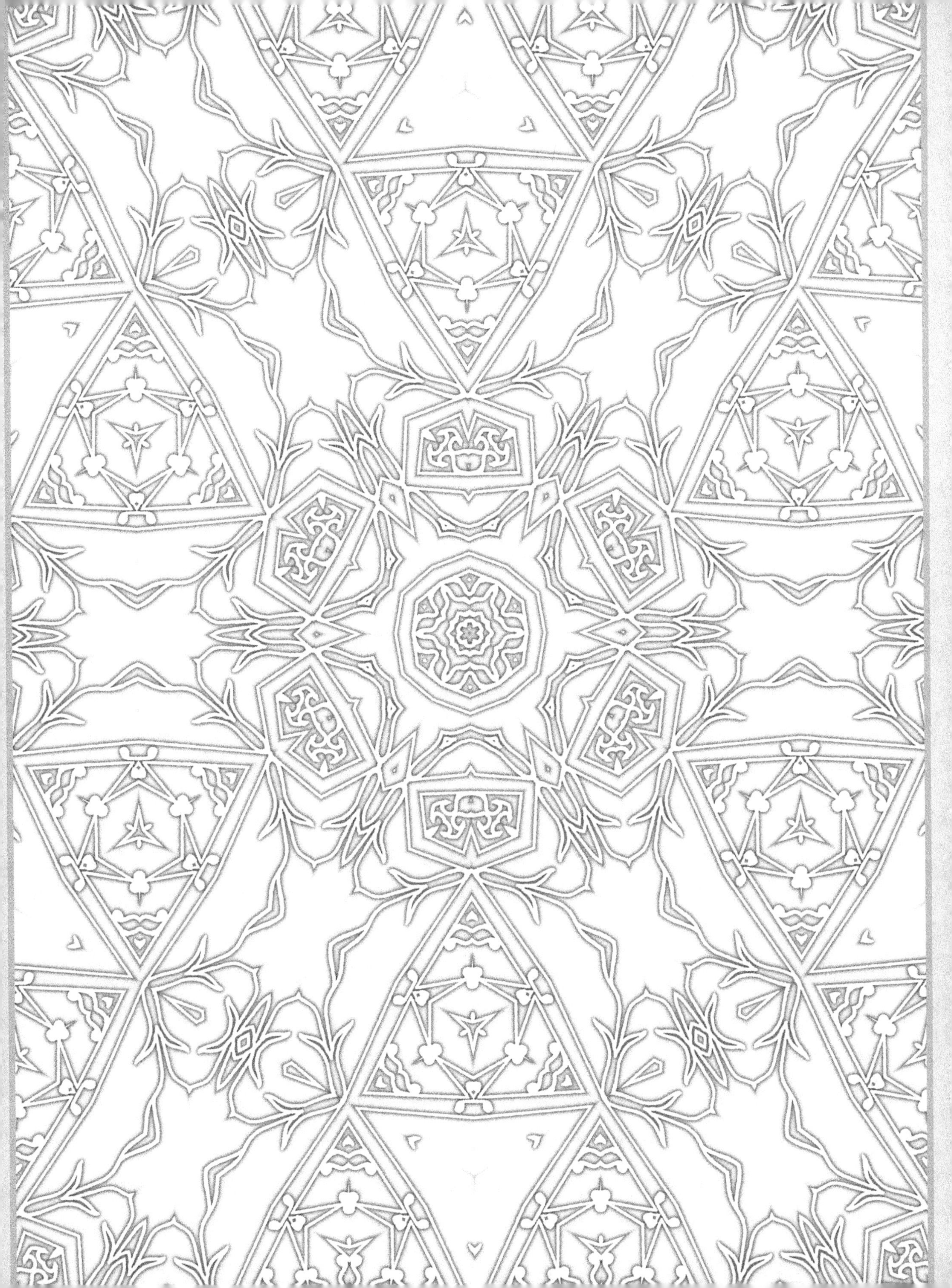

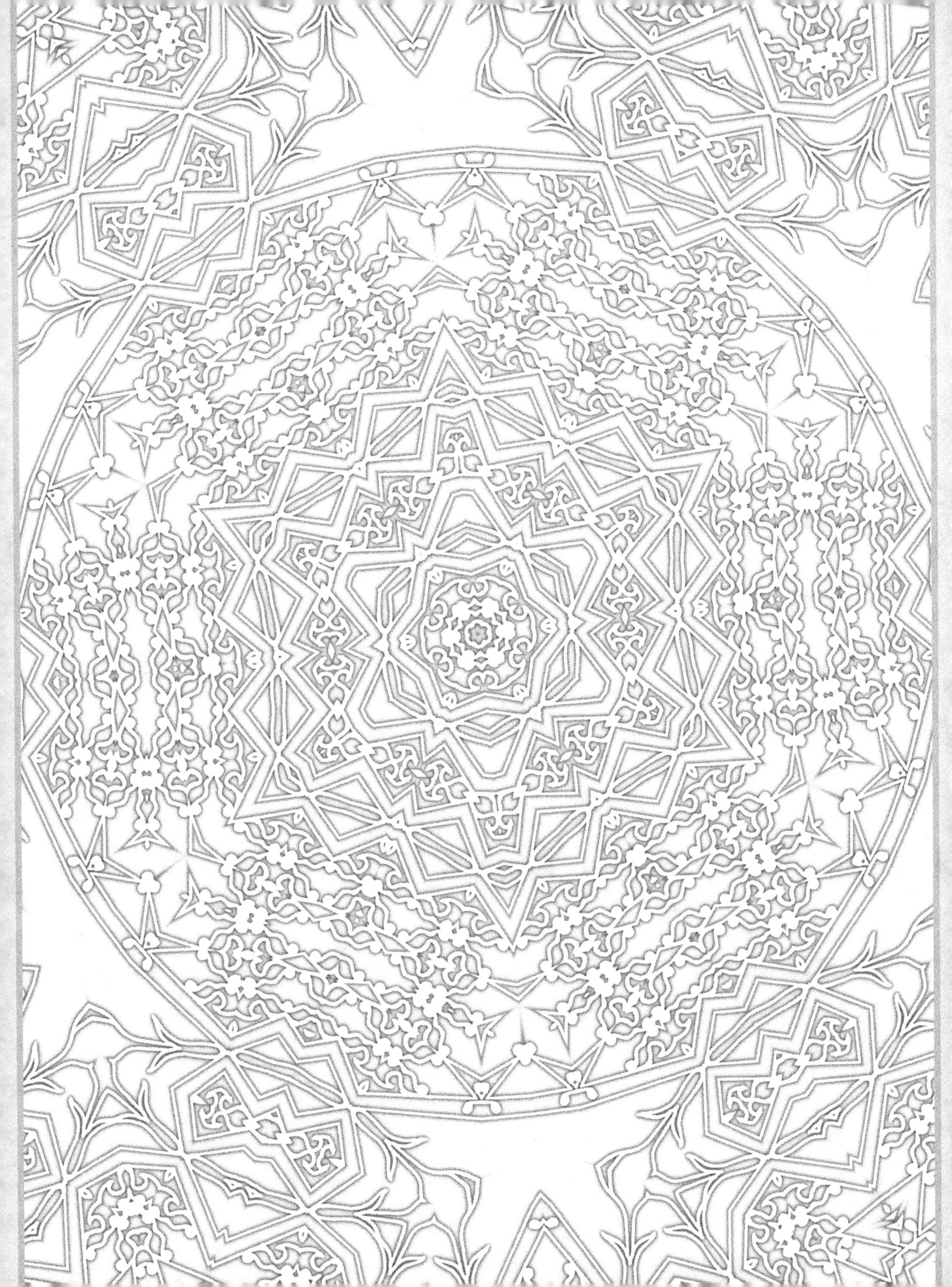

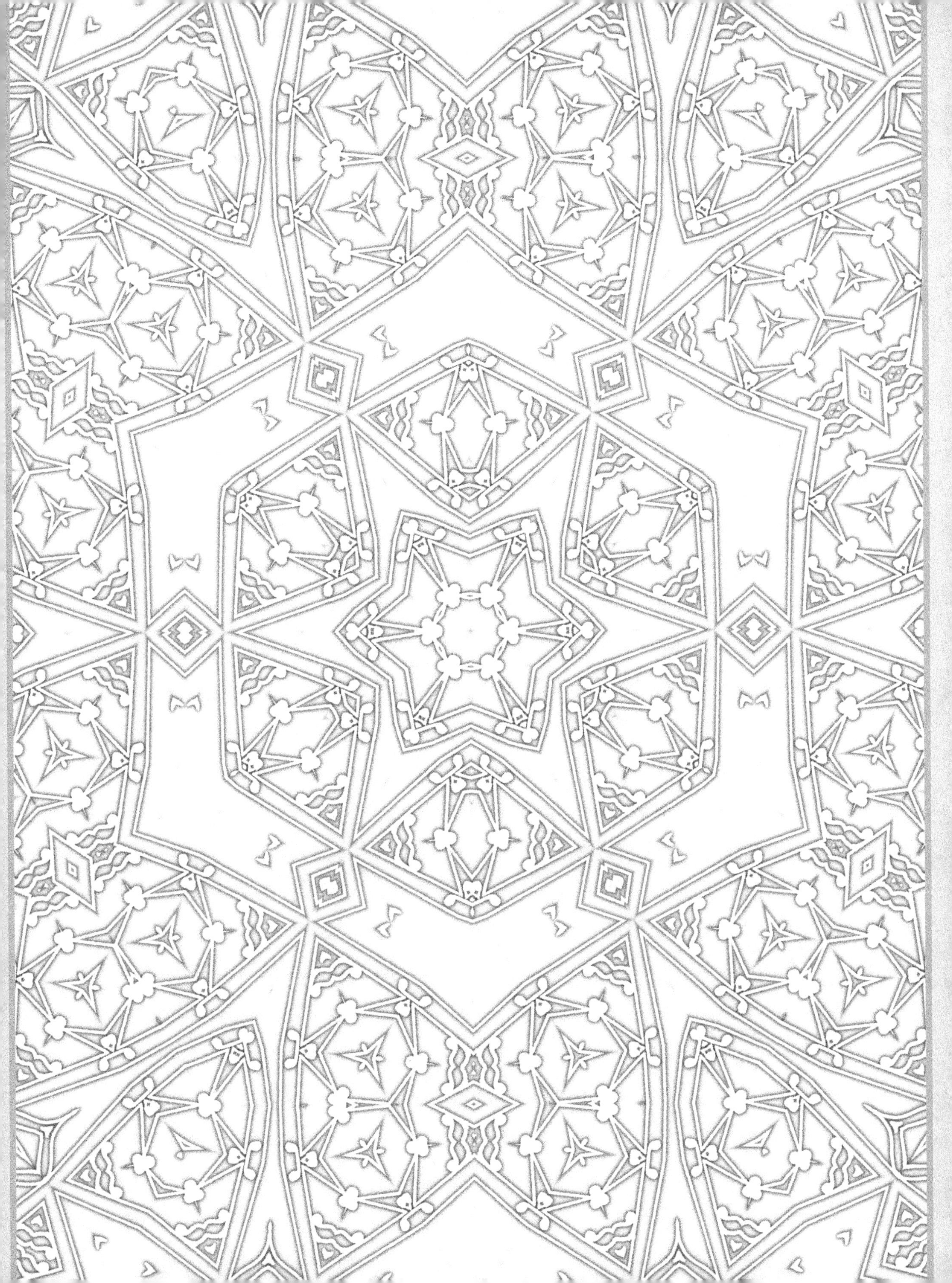

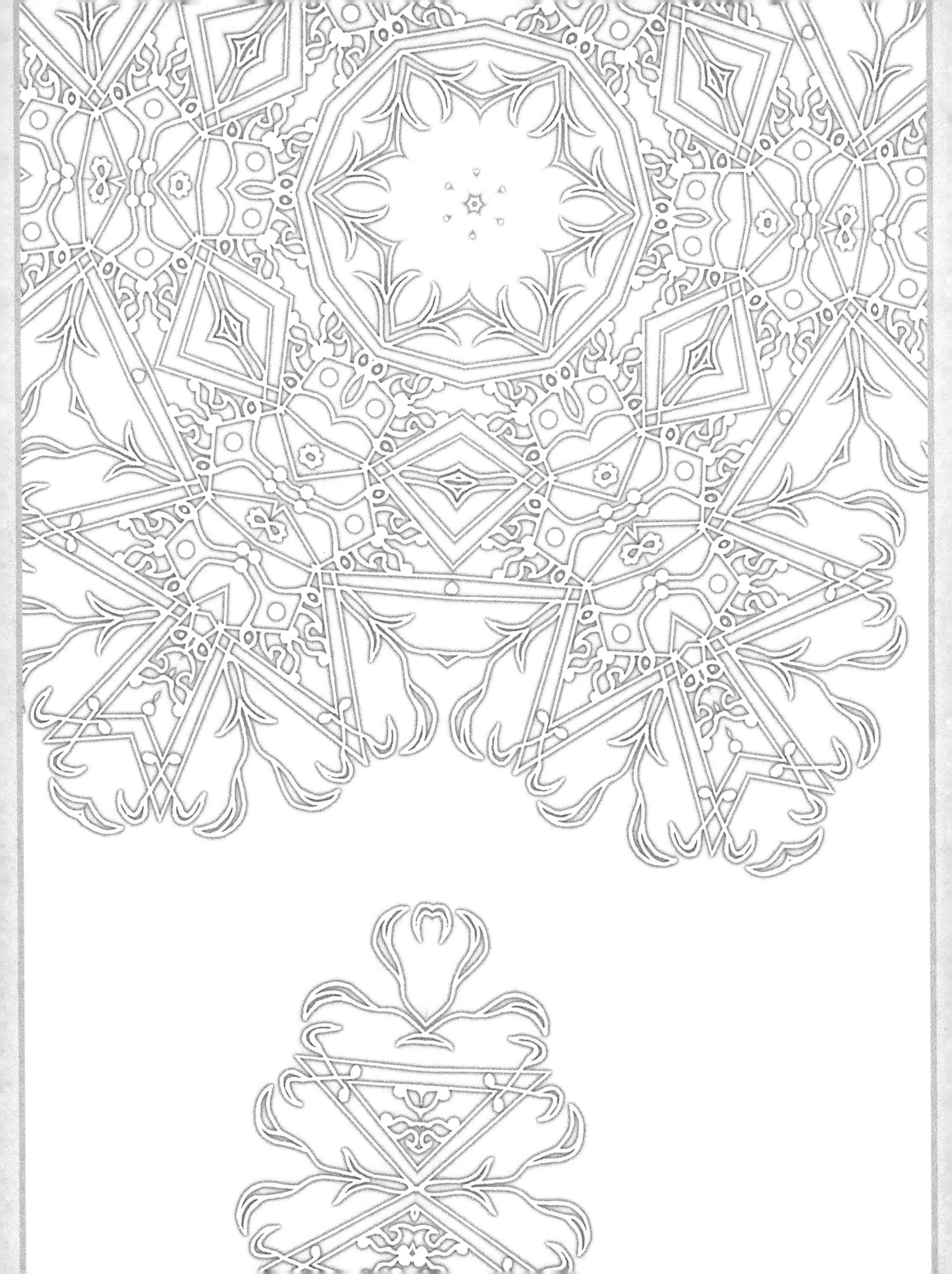

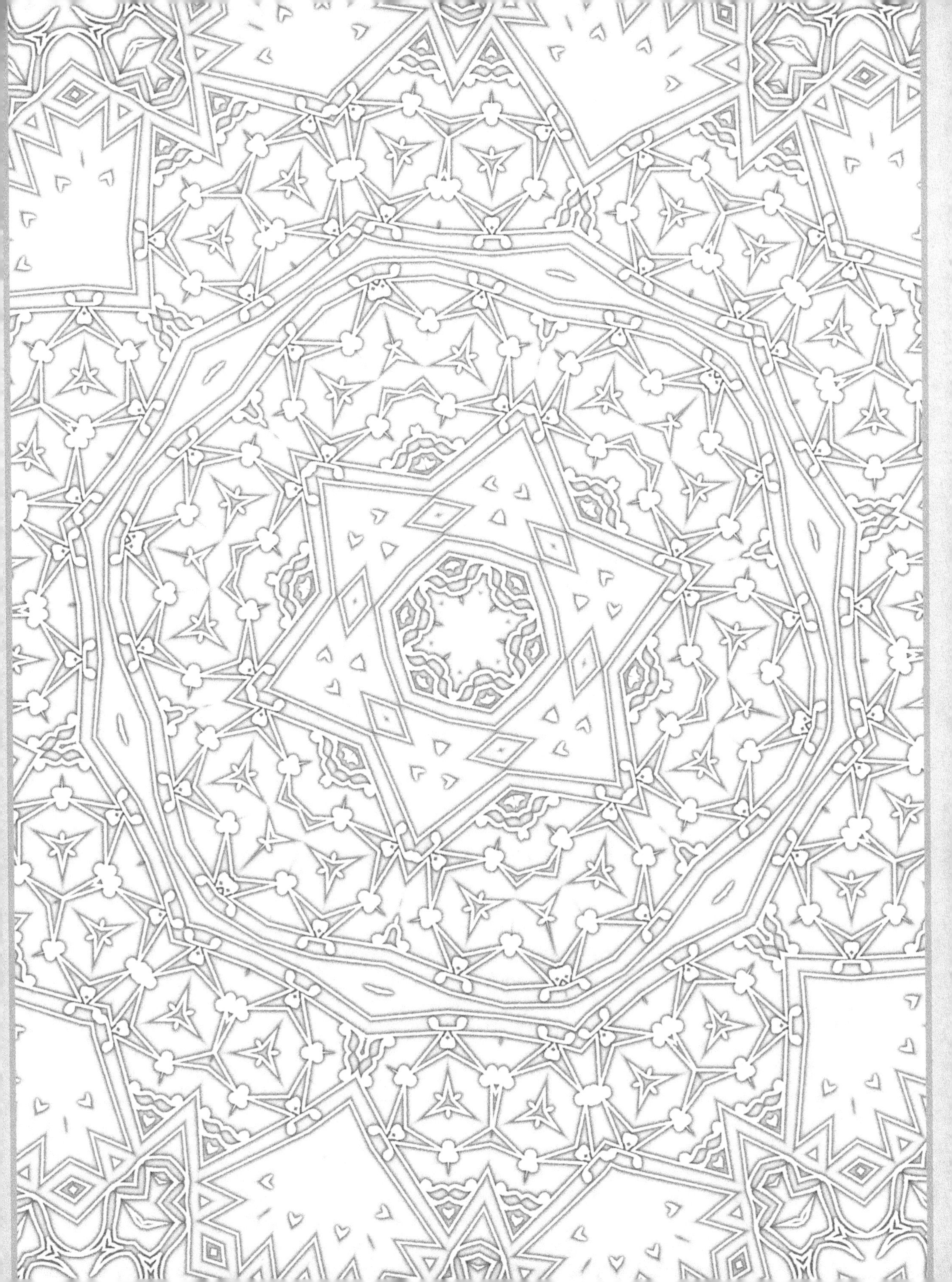

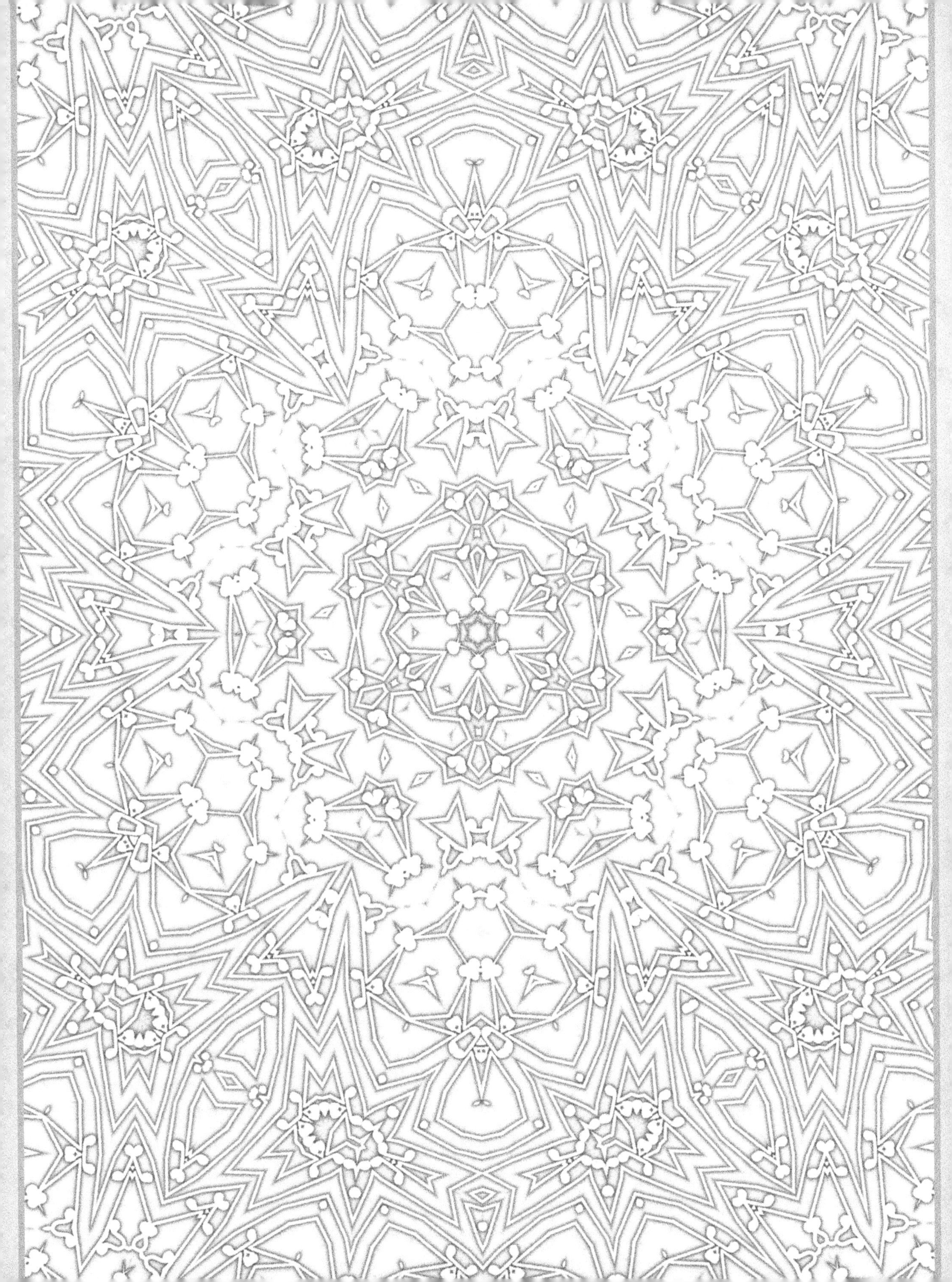

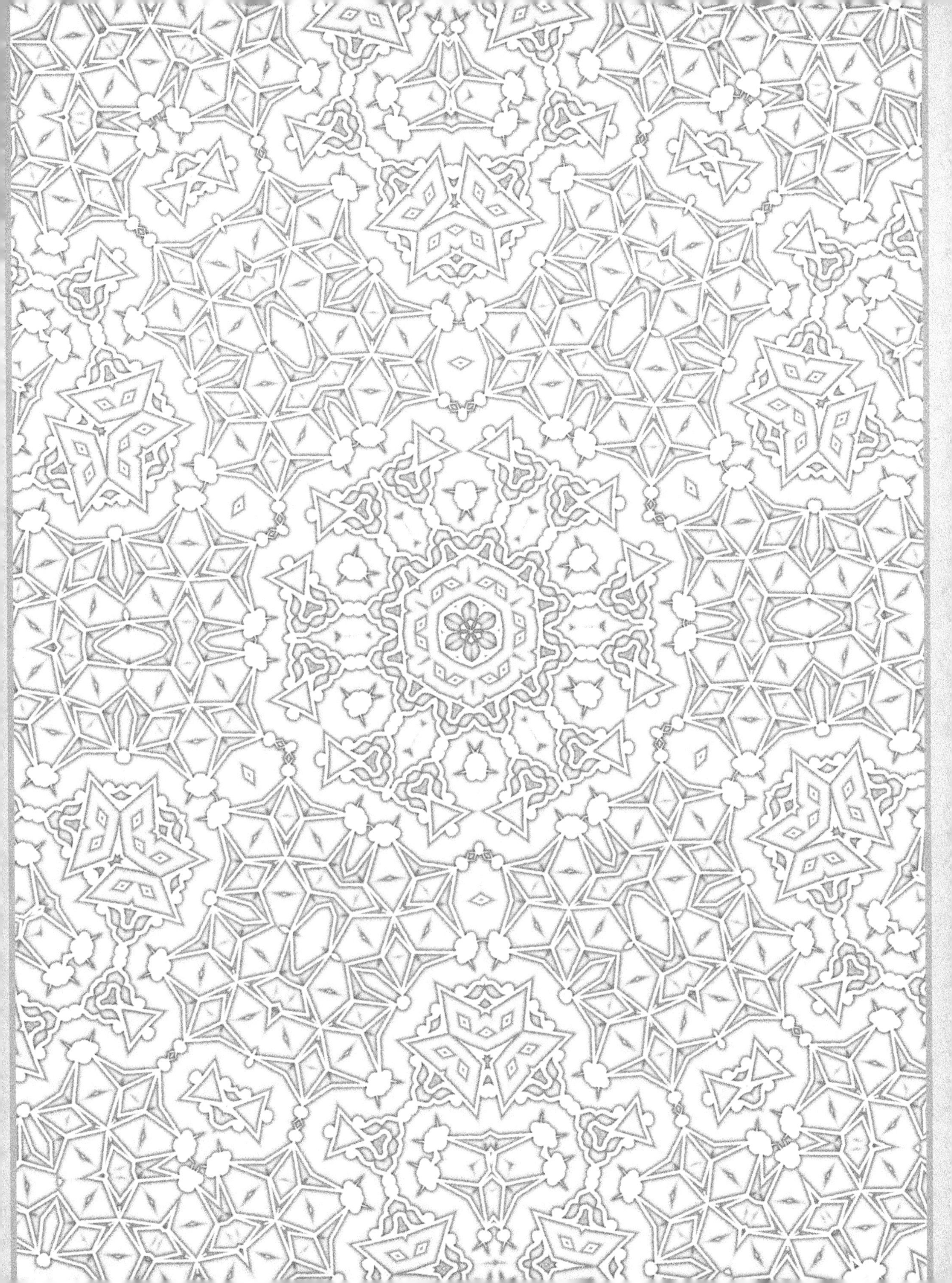

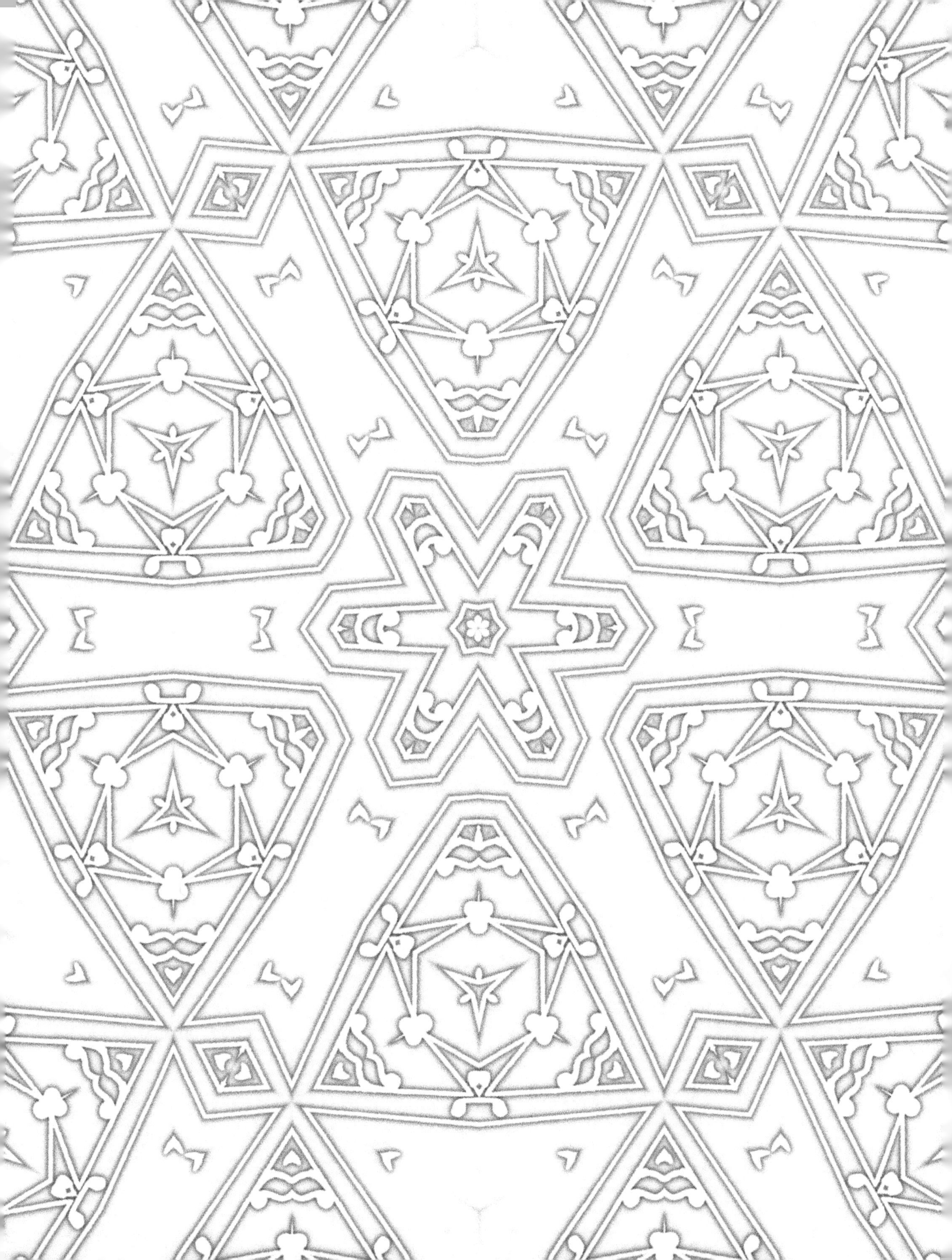

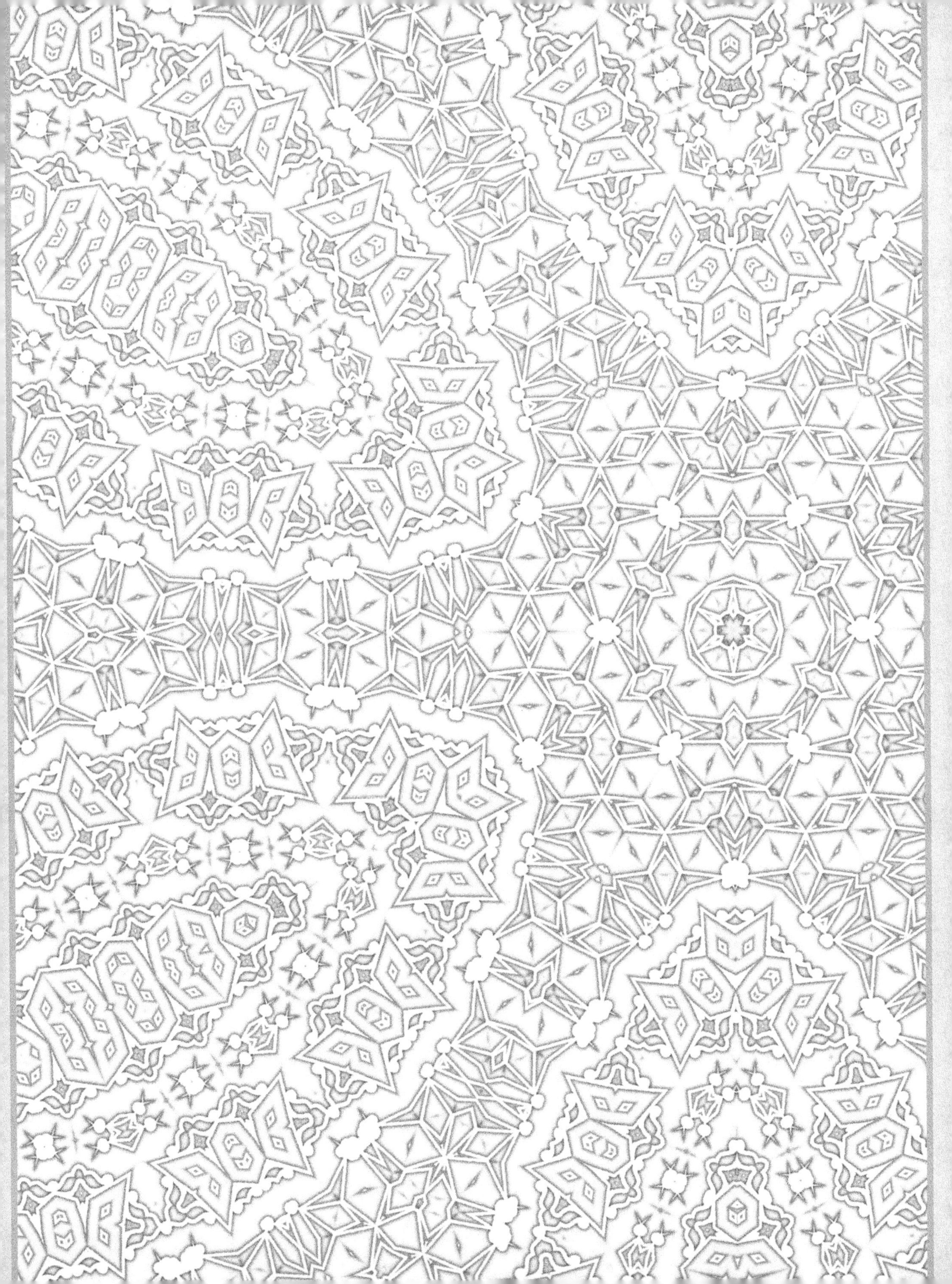

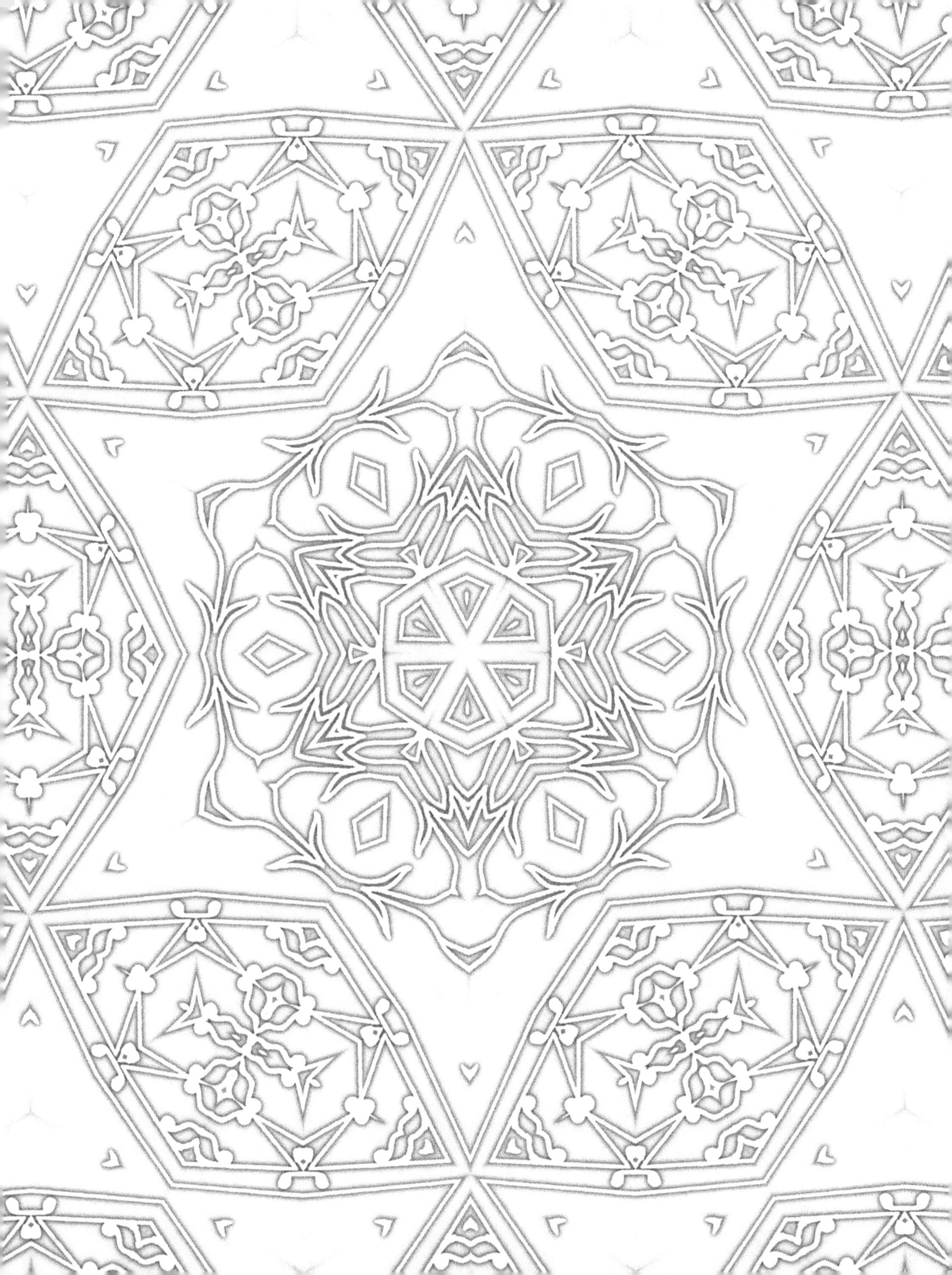

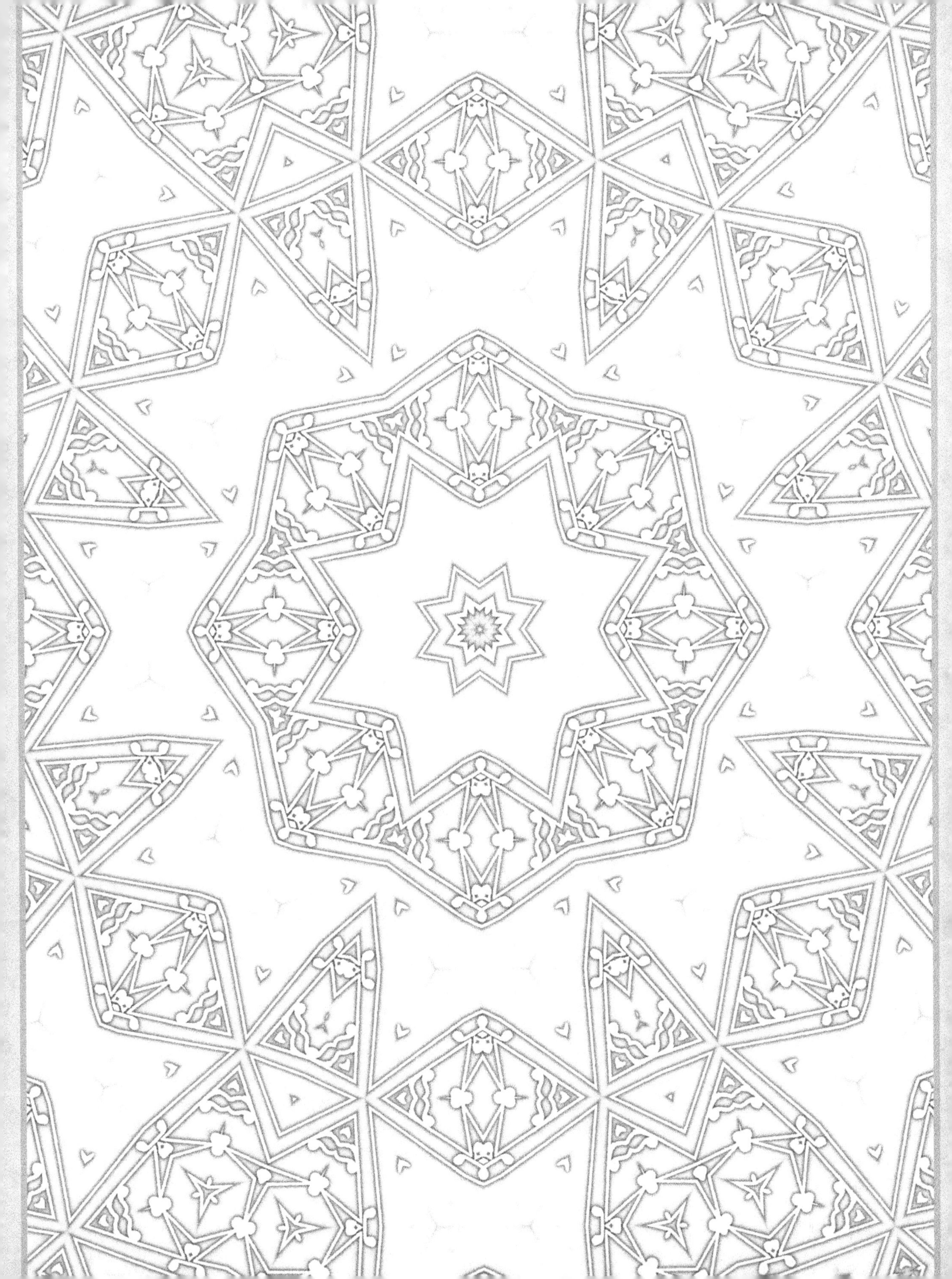